目覚めよ日本！

新しい地球を創造するために

精神科医
越智啓子

廣済堂出版

まえがき

この本を手に取ってくださって、本当にありがとうございます。

きっとタイトルに惹かれた方が多いと思います。

私たちの魂さんは、今回の人生を神に守られている日本で過ごしたいと、しっかりと選んで生まれてきました。そして自然が豊かで、気候も温暖で四季がある穏やかな国で暮らしてきました。

日々、神をずっと意識して生きている日本人は多くないかもしれませんが、無意識のうちに神々の守りを感じている人は多いと思います。

あなたも、その大切なおひとりです。

神の国、日本に住んでいると、自分の内なる神が日々反応して、波動の高い響きを自然に奏でるようになり、とても心地よく感じることができるのです。

あなたの中の内なる神の意識が、かなり表面意識に近づいていて、これからの日本に必要なことが書かれているこの本を選んでくださったのだと思います。

これから日本は、国としての役割に目覚めます。地球の波動を上げて5次元にアセンション（次元上昇）し、新地球になっていくために大活躍をします。

そのためにも、まずは個人の目覚めが大切なので、先に前著『目覚めのヒント』（徳間書店）を書きました。そしてこの本の依頼があり、素晴らしい流れです。

大きな時代の流れの中で、日本はそろそろ目覚めた、それぞれのお役目を果たすときが来ています。そのためにこの本が世に出ることになりました。

天皇を中心とした日本という国は、約2500年も続いてきた、世界最古の国です。**たくさんの神々に守られて、今日まで日本という国を続けてくることができました。**

日本はすでにたくさんのお金と文化を世界中にばらまき、地球を助けています。ジャポニズムが世界に広がっているのです。特に漫画やアニメ、映画などが文化の発信源として大活躍しています。

私は、薬を使わないユニークな精神科医です。アロマとクリスタル、ハンドとヴォイスヒーリングを使って、愛と笑いの過去生療法をおこなってきて、29年目を迎えました。クリニックに来てくださるいろんな患者さんの人生の謎解きを通して、人生のしくみがいろいろわかってきました。本書では、それを解説しながら、これからどのように日本が新地球へのリーダーシップを取っていくのかのヒントになればと思っています。

ちょうど、新地球への大展開が起きるハイライトが、辰年と巳年だと言われています。まさにこの本が出る2024年の辰年は、ダイナミックな変化が次々と起きています。

これから、経済も、医療も、教育も、生活の仕方も大きく変わっていきます。

太陽系で、先にアセンション（次元上昇）した金星のように、それまでの貨幣経済から、必要なものはすべて手に入る夢のような世界に突入していきます。アリーナ席の地上で変化を堪能しましょう。私もどのように地球がユートピアの世界になっていくのか、わくわくとても楽しみです。

あなたのこれからのユートピア活動が、この本でますます楽しくなっていきますように。心から願っています。

2024年辰年　8月吉日

人生の楽々インスト楽多～笑いの天使　越智　啓子

目覚めよ日本！◎目次

第2章 スピリチュアルな国、日本

第3章 世界を変えたジャポニズム

第4章　近未来のカギをにぎる

第1章

神とともに生きる国

太陽とともにある神の国、日本

「神の国、日本」という小見出しで本を書きはじめるようになるとは、感無量です。

なぜなら、日本は本当に神の国だからです。

いろんな困難があっても、日本は八百万《やおろず》の神々に守られて、2500年間も続いてきました。そして、たくさんの神々の最高神が、天照大御神《あまてらすおおみかみ》です。イザナギの左目から生まれたアマテラスは、皇室の祖神、太陽の女神なのです。

日本の国旗はシンプルで、白地に真ん中に赤い丸は、太陽を表現しています。まさに日本は東のはしから日が昇る国であり、太陽信仰の旗頭の国なのです。

地球では古代から太陽信仰があって、紀元前2000年頃から、太陽神を拝んでいました。

日の御子の伝承が伝えられて、太陽神を拝んできた国は、エジプト、インド、インカ、そして日本、琉球王国があります。

どの国も私は過去生で体験しているので、とても馴染みがあります。

特に太陽信仰で縁があるのは、インカのマチュピチュで、太陽神殿の巫女だったことがあります。

琉球王国の王室にいたこともあります。沖縄・琉球では、太陽のことをティーダと言います。私が本土に講演会やセミナーに行くと、沖縄からティーダを運ぶので、お天気になってしまいます。私も太陽人だったと思います。

きっと、あなたも太陽人です。

古代エジプト人は、太陽神ラーを信仰していました。ラーは、生命の源です。日光浴や日光療法として太陽パワーを日常に取り入れていた遺跡が残っています。王のことをファラオ（太陽の子）と呼んでいました。

インドでは、太陽礼拝が5000年続くヨガの中で別格に扱われています。毎朝、太陽を拝んで、太陽からの光の恵みに感謝するのです。

インカ時代は、ペルーのマチュピチュに巨石による太陽神殿が残っています。石でできた日時計もあって、太陽信仰が栄えていました。太陽神のことをビラコチャという名前で呼んでいて、マントをつけた男性が描かれています。

マチュピチュに行ったときに、ビラコチャと呼ばれて、いろんなクリスタルの飾りがついている金色の人形をゲットしてきました。

ビラコチャは肉体を持った太陽人で、太陽からいろんな技術を伝えに、大洪水のあと来てくれました。マチュピチュの人々は、ビコラチャを神様扱いをしましたが、正確には太陽神ではなく太陽人だったのです。

私の魂はマチュピチュに縁が濃いのか、今生で5回も訪れています。

クリニックで太陽神殿の神官や巫女だった過去生のケースも何人も診ています。

とにかく、**古代では大事にされていた太陽信仰が、これから日本を中心に再び浮上するベストタイミングにきています。**

今が太陽と繋がるベストタイミングです。

そのために、必要な情報があります。実は、びっくりされるかもしれませんが、太陽にも人類が地球と同じように住んでいます。

太陽の表面温度が約6000度というのは、色から分析した憶測で、実際は26度だそうです。とても住みやすい常夏の温度です。ティーダを大切にしてきた沖縄も26度が多いです。

アメリカのNASAは、太陽に海も陸地もあって、太陽人が住んでいることをすでに観測済みですが、世界が混乱するので、まだ発表していないそうです。

でも世界はすでにコロナ禍や異常気象で混乱しているので、もう発表しても大丈夫です。それで、NASAよりもちょっと早くこの本で紹介することにしました。

太陽系の中心でもある太陽は、とても波動が高く、調和された太陽の人々から、たくさんの太陽人が今まで地球に生まれ変わってきました。

そして、いろんな国で体験したいことをたくさんやってきて、このベストタイミングに日本人として生まれ変わって、今日まで生きてきました。

地球上で太陽人がいちばん多い国が日本です。

それで、わかりやすいように国旗が太陽のような日の丸なのです。

たくさんの太陽人がユートピアの世界を創ったのが、縄文時代です。戦争をしなかったので、1万4000年間も平和が続きました。

その次が、250年間続いた江戸時代でした。何だか急に短くなって拍子抜けしますね。

せっかく鎖国をして平和を保ってきたのに、開国したために欧米諸国が押しかけてきました。争いの文明が入ってきたために、明治時代からは戦争が続いてしまいました。でも、日本はずっと勝ってきました。アジアのほとんどは西洋諸国の植民地でしたが、日本は大国ロシアに勝ち、アジアの人々に、独立するための勇気を与えました。大東亜戦争（第2次世界大戦）はアジアの解放を目的としていたので、次々とアジア諸国の植民地が解放されました。一般的には負けたことになっていますが、そういう意味では勝ったと言えます。太陽人パワーのおかげです。

江戸時代は稲作が中心で100％の自給率でした。今の日本は、減反政策でかなり自給率が下がっています。カロリーベースでは38％、生産額ベースでは58％に減ってしまいました。

稲作には、お天気との関係が不可欠です。つまり太陽の恩恵で日本は生きてきました。

江戸時代も、さらにその昔も、日本人はずっとお天道様を意識して、日々健気に生きてきました。

誰が見ていなくても「お天道様が見ているから」と、ちゃんとした生き方を自然に学んできました。

日本は、太陽信仰の中心地、メッカなのです。

日本は日の本《もと》であり、太陽系の中心にあたります。お日さまが昇る東（ヒガシ）の国で、日出《い》ずる国と言われてきました。

私たちが今まで表現してきた「天」とは、どこを指していると思いますか？漠然と天国の天でしょうか？

実は、天とは、天の川銀河のことを言っています。

そして、太陽系で天の川銀河の中心と繋がっているのが、地球なのです。

小さな星のようでいて、役割としてはとても大きく、宇宙でも注目されている特別な星です。

中でも**日本は、とても愛があふれていて、いろんな問題を解決する実験の場としての素晴らしい役割を持っています。**

私たちは、今回の人生で、光と闇が統合して、光一元の時代になる日本というスペシャルな国を選んで生まれてきました。

せっかく倍率の高い日本人に生まれ変わってきたのですから、それだけの意識と使命を思い出して、目覚めるときが来ています。

まさにとき来たりです。

では、どんな気づきが必要なのでしょうか？

まずは、いかに日本人が素晴らしいかについて、もう一度感じたり、考えたりしてみましょう！

日本人は、とても礼儀正しく穏やかで、親切です。日本に生まれたくて、行列を作って待って生まれてきたので、行列に並ぶことは平気です。

規律を守って、全体の調和を創ることに喜びを感じています。

２０１１年3月11日の東日本大震災のときも、水や食料をもらうのにスーパーなどで行列を作って静かに待ち、暴動は起きませんでした。停電のためスーパーのレジが使えなくなったと言われたら、静かに品物を棚に戻して帰ります。

海外からボランティアで被災地に訪れた青年が、10歳の男の子にバナナを渡したところ、すぐその場で嬉しそうに食べるのかと思ったら、避難所に設置された、もらったものを分け合う場所に持って行ったそうです。それを見たボランティアの青年が感動し、ＳＮＳに投稿すると、瞬く間にその感動の渦が広がったそうです。10歳の男の子のこの行動は、かなり精神性が高くないとできないことです。

世界中でおこなわれているスポーツの試合やイベントでも、終わったあとに掃除をするのは日本人のサポーターたちです。自発的にゴミを集めて、掃除をします。

イギリスの心理学の実験で、盲目の人が信号のところで困っているとき、手助けをする人がいるかどうかを調べたことがありました。

結果は、助けを申し出たのが全員日本人だったそうで、びっくりしました。それも押しつけがましくなく、最初に手助けしてもいいかを聞いてから、手をさしのべていました。

実験のあとで、手助けをした人にインタビューをすると、子供の頃から困っている人がいたら手助けするように教えられてきたというのです。

人助けが自然に身についていることが、とても素晴らしいと思いました。

さらに、日本で外国人がわざとお財布を落として、周りの人々の反応を見るという実験もありました。50回の実験で全員、ちゃんとその人のところに戻ってきて、誰1人取られるようなケースはなかったそうです。これも素晴らしいです。

この実験は15か国でおこなわれましたが、日本だけが何度やっても財布が戻ってきました。

つまり、日本人は、精神性がかなり高いということだと思います。人としての基本的な在り方を魂が学んでいて、自然に身についているという素晴らしさです。波動の高さ、次元の高さが抜きん出ている人が多いとも言えます。

教養が高く思いやりの深い日本人

日本人には、思いやりの深い人が多いです。それは、お天道様を大切にしてきた精神性の流れがベースになっています。

そこに儒教という教えが加わって、さらに思いやりのある国民性になりました。

儒教は、中国の孔子という聖人が生み出した、人としての在り方の教えです。そして、孔子とその弟子たちの言行を記した本が『論語』です。

日本には孔子の時代から約1000年後に特別な書として応神天皇に献上され、皇子の教育のために家庭教師に教えさせたとされています。聖徳太子も論語を学んでいて、「和を以て貴しとなす」という有名な言葉も論語の影響からきています。古事記や日本書紀にも論語のことが記されているほど、古い時代の本です。

江戸時代には寺子屋で庶民の子供たちに教えられていました。そのおかげで、思いやりの深い日本人がたくさん育ってきました。

このように論語の教えは、古くから日本人の心に浸透してきました。

私は、聖人からリクエストがあるとアクリル絵の具で絵を描いていますが、孔子の絵を描いたときに、直接孔子様から、「自分が生まれた中国では残念ながら、儒教はあまり広まらなかった。でも隣の日本では江戸時代から寺子屋で子供たちに論語を暗唱させていたのは、本当に素晴らしい〜。しかも今でも儒教の内容がしっかりと日本で実践されていることがとても嬉しい」というコメントをいただきました。

そして、孔子の弟子約3000人のうち、多くが日本に生まれ変わっているのがさらに喜ばしいことです。そういう私も3000人の弟子の1人です。

私のクリニックには、孔子の弟子たちが集まってきます。もうすでに13人くらい集まってきています。

その中には、日本人の女性で中国人と結婚して、中国本土で日本語の教師を目指している人がいました。一度日本に戻って夢実現のために必要な勉強をしているときに、私の本に出会い、診療の予約が取れて初診を受けたそうです。

すると、彼女に孔子の弟子だった時代の過去生が出てきて、私とは弟子同士だったことがわかり再会を喜び合いました。

ちょうど、孔子様もセッション中にイメージで出ていらして、「本国である中国で、今私の名前を知っている人が少ないのが残念でならない。ぜひ論語を中国本土にも広めてほしい」と熱く語っていました。

彼女も、「私も孔子の教えは大好きです。啓子先生と一緒に弟子だったことがとても嬉しいです。これから日本語も論語も中国人に教えていきます」と、満面の笑みで語ってくれました。

那覇市の久米に孔子廟ができて、そのお参りに行ったとき、朗々と響く懐かしい声で、とても大切なことを孔子様から教えていただきました。

「久しぶりだね。今回は日本に生まれてよかったね。これから地球が大きく変わるときに、平和な世界へ導いていくという日本の役割はとても大きいから、日本で活躍できるのは素晴らしい。このタイミングで本を次々に出しているのは、さらに素晴らしいことだね。だからこそ、一つ大切なことを伝えておく。

地球は一応太陽系に属してはいるが、太陽の周りを公転しているだけでなく、独自の大きな役割を持っている。**なぜなら地球だけは、大本の天（天の川銀河）の中心を2万6000年周期で回っているからだ。**

そして今、その大事なときを迎えている。これが7度目の体験なのだ。

今までは毎回せっかく築いた文明を地球人は壊してきたが、今回は文明を存続させることになっている。だから地球の地上に住んでいる人々の意識が大きく変わらないと、それが実現できない。日本を中心に、インドも応援して、2本柱でユートピアの波を創っていくのは楽しみだね」

とびっくりのメッセージが届きました、というか轟きました。孔子様の声は、すごく太い声なのです。

当時の中国人としては巨人で、2メートル16センチもありました。胴長でふくよかで、びっくりするほど声が轟くのです。だから弟子が3000人いても全員に聞こえました。胴長は言うなと口止めされていますが、笑いを取るために、どうしても言ってしまいます。

孔子様は4大聖人の1人に入っていて、お釈迦様の次に古いです。

せっかく、孔子様から素晴らしいメッセージが直接届いたので、ぜひこの本で伝えたいと思って書いています。昔も今も、聖人の弟子の役目は、聖人の素晴らしいメッセージを書き残して人々に伝えることです。

孔子様からのメッセージなのに、中国ではなく、インドと日本で2本柱とは面白い流れです。

今では中国よりもインドのほうが人口が増えています。さらにインドは教育にもとても熱心です。特に数学に力を入れています。高齢者の多い日本と真逆で、若い層が多いインドと一緒にユートピア作りを進めるのは、バランスがいい感じがします。

孔子様の教えは、儒教として日本で広がり、実践されてきました。きっと孔子様の3000人の弟子たちも、今回の人生で日本を選んで生まれてきた人が多いのではないでしょうか？　きっと江戸時代に寺子屋で子供たちに論語を教えていたのだと思います。

日本人の性質に、儒教がぴったりだからです。

江戸時代に、あちこちで寺子屋が普及して、子供たちに「読み書きソロバン」が浸透したことが、明治維新前の日本の教養レベルをグンとアップさせました。そのおかげで、明治維新で一気に西洋文明が取り入れられても、それを吸収できる土台＝マトリックスがすでにできあがっていました。

本当に素晴らしい江戸時代の教育システムのおかげで、明治維新以後の日本は発展できました。

こんなエピソードがあります。日本を威嚇するために、黒船に蒸気機関車を積んだら、16人の男たちが小舟でやってきて、あっという間に測量をし、そのまま同じものを作ったという話です。威嚇にならず、新しい技術を提供したことになりました。咸臨丸という黒船そっくりの船を作ってしまいました。日本の職人としての技術レベルが高いということです。

明治維新の直前の江戸時代は、一般庶民であっても世界でいちばん教養が高く、精神性も高く、また貧しくても毎日を楽しく生きていた素晴らしい人々でした。

当時の日本に来た外国人の手記に、素敵なエピソードがたくさん書かれています。貴重品を宿の隅のカゴに入れたまま1週間旅をして帰ってきても、そのままの状態で置かれていて、まったく盗まれていなかったことにびっくりされていました。

日本全国どこを旅しても、子供たちが元気に笑っていて、大人たちも貧しくても笑いが絶えず、子供と同じように無邪気に遊びを楽しんでいました。

貧しくても毎日お風呂に入り清潔にしていて、むしろ西洋人のほうが、お風呂に入らないので、くさくて不潔でした。臭いがひどいので、どこに行ってもお風呂に入るように促されて、そのあと食事もふるまわれたそうです。お礼にお金を渡そうとしたら断られ、逆にお土産までもらい、心底びっくりしたというエピソードがたくさんあります。

当時日本にやって来た西洋人は、中国経由で来ていましたが、それまでは運賃を交渉した額より多く請求されてトラブルになったりしていたので、日本でトラブルにならないよう、先に大目に運賃を払ったところ、ちゃんとおつりを返してくれたことにびっくりしたそうです。

日本人はお金に対してもクリーンでした。嬉しいですね。

自然に儒教が広まっている日本という国が誇らしく思えてきます。

これから、孔子様を生み出した中国本土でも、儒教が広まることを祈りたいと思います。

新しい地球を創造するために役割を持って生まれてきた

この世は、三次元の形が見える世界です。あの世は、目に見えない光の世界です。**私たちは全員、光の世界から波動を落としてこの世に降りてきました。あの世でただ光っているだけでは退屈だったので、刺激的で面白いこの世に生まれ変わってきたのです。**

あの世はどこにあるのでしょうか?

それは遠い世界ではなく、実はすぐ隣に存在しています。毎晩眠りにつくとすぐに行ける世界なのです。

寝ている間に見る夢の世界で、あの世での活動が映し出されることがあります。

見えないあの世の世界のことを少し紹介したいと思います。

あの世は、とてもまぶしくて、美しく輝いています。

私はこの世では、愛と笑いの過去生療法というユニークな治療をしている精神科医ですが、あの世でも副業として2つの仕事をしています。

それは笑いの学校の講師と、これから日本に生まれ変わる魂たちのためのオリエンテーションの講師で、かけ持ちをしています。

あの世の笑いの学校については、クリニックに来た患者さんのご主人がこの世で笑いが足りなかったからと、あの世に帰って笑いの学校に通うようになったら、そこの講師に啓子先生がいた、という情報がいくつもあって確認が取れました。

たとえば、なかなか笑ったことがない外科医のご主人が、本人も納得してあの世に帰ると、すぐに笑いの学校に参加しました。

「家内が大変お世話になっています。私もこちらで先生のもとで笑いの力をもっと学びたいと思います。これからも家内のことをよろしくお願いします」

と、まだこの世に残っている奥様のことをよろしくと頼まれました。

ちょうどそのあと、再診で奥様がいらしたときに、ご主人の様子を伝えたら、とても喜ばれました。

「まぁ、主人がちゃんと笑いの学校に入ってくれましたか〜。それはよかったです。啓子先生にちゃんと挨拶までして安心しました。

入院中の主人の耳元で『必ず、光のお迎えが来るから、まぶしい光のほうに行くのよ。あの世に帰ったら笑いの学校に行ってね～。啓子先生が講師で教えてくださるから大丈夫よ』とささやいておいたので、その通りになってよかったです」

と、とても嬉しそうでした。それをまた笑いの学校でご主人に伝えたら、さらに喜んでいて、片方が亡くなられてからの愛のキューピッドの役をすることになってしまいました。

大切な人が光に帰って、あの世で笑いの学校に行っていることを聞いて、ご遺族が安心されるのです。

「この世に生きている間は笑いがなかった。あの世で笑いの学校に通っているなんて、素晴らしい」と喜ばれています。

もう1人、確実に笑いの学校の講師をされているのが、パッチ・アダムス先生という、まだ生きていらっしゃるアメリカの医師です。

彼はきっと笑いの学校の校長先生をされていると思います。

私は映画『パッチ・アダムス』を観て、ワシントンまで会いに行ったことがあります。そのとき気に入られて、翌年に中国で開催される医療関係者のイベントに誘われました。2週間いろんな施設へピエロになって慰問に訪れるというもので、それはとても衝撃的な体験でした。

そのときに母に作ってもらった7色のピエロとイルカのピエロの衣装を活用して、その後の講演会でも変身して笑いを取るようになったのです。私自身の笑い療法に磨きがかかりました。

それも、笑いの学校の講師になる流れを作っていました。本当に、人生一切無駄なしです。

もう一つの副業は、日本人に生まれ変わってくる魂50人のクラスのオリエンテーションをする講師です。

日本に生まれ変わるクラスは、人気のクラスです。みなさんの熱い思いを感じながら、日本の様子を解説したり、これからの日本がどのようにして平和への道を導いていくのかなどを伝えたりと、とても楽しくやり甲斐のあるお役目をさせてもらっています。

3年間続いたコロナ禍は、地球規模の大きなイベントでした。

コロナウイルス自体は架空のものですが、みんなで信じると存在感が強くなり、まるで実際にあるかのようになっていきます。WHO（世界保健機関）は地球の人口を減らしたくて、あの手この手を使っています。

オリエンテーションの場でも、そろそろ大きな変動が起こることをしっかりと伝えています。

日本の大きな役割については、特別授業のような形で解説します。

日本人が地球のユートピアを作るのに大切な働きをいくつかに分けて、そのどれを自分が担当するか、選んでもらいます。

これを読んでいるあなたも、ちゃんとユートピア活動の選択をしてきました。

これを読んだあとに、思いがけない形で、友人から一緒にコミュニティ作りをしないかともちかけられるかもしれません。

車が好きな人は、水で走る車を作らないかと誘われるかもしれません。水で走る車は何度も発明されましたが、石油エネルギーで豊かさを得てきた権力者チームに消されてしまいました。もうそろそろ消されずに採用される時期に来ています。

過去生で消された魂さんも、めげずに今度こそと、また生まれ変わって同じ発明をしています。もちろん、前回よりもさらに進化した発明になっています。

今まで生まれ変わりを繰り返して培ってきた才能が、やっと花開くときが来ているのです。

そのクラスでは、**次の人生でもう生まれ変わりは最後にするという魂が多いです。**

そういう私も、同じように今回の人生を地球での転生の最後と決めています。

散々、地球での生まれ変わりを体験してきて、もういいかなぁという気分ですが、そんな思いがこのクラスにもあって、やはり**最後に思い残しのない人生を送りたいと、かなりいろんな体験をする波瀾万丈コースを選ぶ魂もいます。**

今回の人生の大まかな人生シナリオを書くのですが、そのとき、その魂を応援する守護天使も一緒に姿を見せます。

守護天使の役は、かなり大変です。守る魂さんが書いた人生のシナリオを予習して、段取りを準備するのですが、それがなかなか大変なのです。

いろんな人が絡んでくる場合は、相手の守護天使と連絡を取り合います。この世でのドラマを作るときに似ています。

いろんな俳優さんや女優さんのマネジャーさんが、守護天使の役をしています。

私の役割は全体の解説が多いので、個々のケースの相談に乗ることは少ないのですが、寿命に合わせた光の帰り方についての質問を受けることがあります。

多かったのが、新型コロナワクチンで帰る人々でした。

それが今まさに起きている原因不明で亡くなる人々です。

彼らは決して被害者ではなく、たまたま寿命のタイミングが合ったので大丈夫なのです。心配ご無用です。

このように、**この世だけを見ないで、あの世も含めて世界を見るようにすると、不安や恐怖がなくなります。**

そのための解説が必要だと思って、こうやって書いています。

もちろん、生まれ変わりのオリエンテーションの講師はたくさんいますが、私のようにこの世を体験しながらかけ持ちで、両方やっている人は少ないかもしれません。

もし、この本を読んで、実は私も生まれ変わりのオリエンテーションの講師の仕事をしている気がすると感じた人は、ご一報ください。

一緒にシェアできると嬉しいです。さらなる気づきがあるかもしれません。

コロナ禍の意味

かつてあったコロナ禍は、あの世でもいろいろと影響が起きています。

光の世界に帰る方法として、これまでは「ピンピンコロリ」がいいとされていましたが、それに新しい風が吹いて、「ピンピンコロチクリ」が登場しました。コロナワクチンで帰る呼び名です。

今まで日本では、ガンであの世に帰るのが人気でしたが、厳密に言うと、ガンというよりもガン治療で帰る人が多かったのです。1年で約40万人がガンやガン治療で亡くなっています。

新型コロナの死者数は、3年間で約7万人です。

当時はいろんなワクチンが推奨されました。

コロナ禍でも、コロナにり患して帰る人よりもコロナワクチンで帰る人が圧倒的に多くて、今のところ約300万人がコロナワクチンの注射で帰りました。まだ続々と増えているそうです。救急車の発動が急激に増えたり、火葬場が混んで大変だったりしたのは納得です。

約300万人というのは、かなりびっくりの数字です。これはあの世からの情報です。あまりにも多いので、私の表面意識は一瞬、疑ってしまいました。

あの世でもコロナワクチンのことは大変な話題になっていました。予想を大幅に上回るので、びっくりポンです。

2023年9月26日、首相官邸が発表していたワクチン接種後の死者数は311万5174人だと、インスタグラムで10月19日にシェアされていて、さらにびっくりしました。これはマスコミはまったく取り上げていません。

インスタグラムにアップした方が、内閣感染症危機管理統括庁に電話で確認したのだそうです。あきさみよ〜(沖縄語でびっくりした〜の意味です)! あの世でのデータと一致していました。私が聞いたあの世からの情報が当たっている証拠になるので、この本の原稿に追加しました。

私たちは、もれなく全員、光の世界から来ています。このことは、前著『目覚めのヒント』(徳間書店)の第1章にしっかりと解説しましたので、ぜひ読んでください。光の世界では、ひたすらピカーッと輝くだけなので、飽きてきます。それで思いで作るこの刺激的なバーチャル世界に降りてきて、それぞれが体験したいことをしています。

もちろん、光の世界のほうが波動は高いです。この世に降りるには波動を下げないと来られません。でも、この世でいろんな体験をすることで、さらに磨かれ、あの世に帰るときには前よりも波動の高い光の世界に帰ることができます。

私たちがあの世の光の世界に帰ると、何で帰ってきたかを語り合うのです。

今はやりのコロナやワクチンだと、話が盛り上がります。

「えっ、あなたもコロナで帰ってきたの？」

「私はインフルエンザだったけど、コロナにされたの」

「私はワクチンで帰ってきたの。ワクチンが光に帰るのに確実だったから～。たった1回の注射で帰ってこられたの～。ピンピンコロチクリよ」

などと、お互いにあの世でも話題になっています。

流行の帰り方のほうが、時代の波に乗っていてカッコいい感じがするのでしょうか？

うっかり、インフルエンザで帰ると、あまり盛り上がりません。

とうとう、インフルエンザのウイルスさんが私に近づいてきたので、ぼやきを聞いてあげました。ついに、インフルエンザウイルスのカウンセリングまで引き受けることになってしまいました。

「ねぇ、聞いてくださいよ。今までしっかりみなさんを光の世界に帰してあげたのに、最近は全部コロナにされてしまって立場がありません。トホホです」

「大丈夫ですよ。3年で収まりますから」

そう私がなぐさめてあげたら、本当に3年で収まってきました。

300万人の死者は、戦争で亡くなった人の数に匹敵します。大東亜戦争で亡くなった人は、約310万人なので、ほぼ一緒です。これにはびっくりです。まるでコロナ戦争です。

ワクチンであの世の光の世界に帰る予定の人だけそのようになります。

老衰で亡くなる予定の人は、ワクチンを打っても元気です。

ワクチンを打っても、その後遺症で愛と感謝を学ぶ予定の人は、そのようになります。

何をやっても全身の痛みが取れなかったアメリカ人の男性は、タイミングがバッチリだったので、ワクチンは全身の痛みが取れる万能薬と決めて打ってみたら、「見事に全身の痛みが取れた」と大喜びでした。

究極のところ、すべてはうまくいっているのです。

どんなことも、とらえ方次第なのです。自分にとってどんな役割なのかを決めています。

すんでしまった過去のことは、「これでいいのだ〜」にしましょう！

神の遺伝子YAP遺伝子とLOVE遺伝子とは

日本人の大きな特徴に、YAP遺伝子があります。「神の遺伝子」とも呼ばれています。YAP遺伝子と聞いて、馴染みのある人が最近増えてきました。私の書く本にもたびたび出てきます。

コロナ禍で日本人の特殊な遺伝子「YAP遺伝子」にスイッチが入って、パワフルになった日本人が増えました。強力なスイッチ、コロナワクチンを打ってもびくともしなかった人々が、そうです。

その人たちがこれからの日本を、そして地球をユートピア化していきます。

知らないうちに、YAP遺伝子がスイッチオンになりました。これからどんなことが起きても、しっかりと乗り越えていきます。

今回は、YAP遺伝子について、少し解説したいと思います。

この特殊な遺伝子のおかげで、日本人の奥ゆかしさや謙虚さや誠実さ、そして何よりも、どんな逆境をも耐えて乗り越える力があります。

隣の韓国や中国の人々はYAP遺伝子がないので、遺伝子レベルで大きく違うことが、性質の違いとして理解できると思います。

アメリカのアリゾナ大学の研究によると、日本人男性の62%はY染色体D1b34%、O－47Z22%、C－M4・4%という固有の遺伝子を持っていて、他の国の男性には見られなかったそうです。大陸経由で渡来した民族ではなく、固有の民族だということになります。

しかも、この遺伝子はとても優秀なのです。何だか嬉しくなってきたでしょう? YAP遺伝子は、男性のY遺伝子に引き継がれています。AからTまで20種類あって、日本人の男性は、Dタイプなのです。

ここまで読んで、女性のがっかりしたため息が聞こえてきます。

「え〜、日本人の女性にはYAP遺伝子と関係ないの?」と。

いいえ、ちゃんと関係しています。だって、日本人男子は、日本人女性から生まれてきているのですから、もちろん遺伝子に特別表現されたものがあるはずです。まだ遺伝子学が遅れていて、見つかっていないだけです。

私も気になって、エーゲ海の地下深くにある宇宙図書館館長のミコスさんに聞いてみました。

ミコスさんのことをはじめて聞く方も多いかもしれませんが、地球の中にあるとても便利な意識の世界の宇宙図書館です。そこに行くと、ありとあらゆる宇宙情報があって、必要な情報をダウンロードできます。

夢の中や瞑想の中で意識すると行くことができて、本を書くときにはとても便利です。

そこの館長、ミコスさんに日本人女性の特有の遺伝子のことを聞いてみました。

「もちろん日本人女性にも特別な遺伝子は引き継がれていますよ。まだ見つからないだけです。それまで便宜的にＬＯＶＥ遺伝子と命名しておきましょうか」

と、さすがミコスさんです。私たち女性の気持ちをくんでくれて、素敵な遺伝子の名前まで考えてくれました。

LOVE遺伝子なんて、愛があふれて素敵すぎます。

無条件の愛にあふれ、すべてを受け入れる大きな愛の遺伝子です。

みなさん、いかがでしょうか？

そんなことを勝手に決めていいの？　と思った方もいると思いますが、いいのです。

この世は私たちの思いで作られたバーチャルな世界なのですから。

アイヌ人や沖縄人には、YAP遺伝子を持つ人が多いそうです。なんとアイヌ人の88%にYAP遺伝子が見られるそうです。

そして、1万4000年間も平和だった縄文時代の人々にもYAP遺伝子の特徴が出ていたという説があります。争いを好んだ弥生人にはありませんでした。

YAP遺伝子の特徴は、勤勉で親切なのです。「親切遺伝子」とも呼ばれているそうです。

分子生物学者の村上和雄先生の解説によると、「YAP遺伝子は自分を捨てて、他人に尽くす遺伝子」だそうです。

素晴らしい特徴ですが、私はまず自分を満たしてから他の人にも愛を注ぐのが無理なく続くと思っています。

日本人はモンゴロイド系で、中東から来たと言われています。だから同じアジア人で顔が似ている中国人、韓国人、フィリピン人にもYAP遺伝子はありそうですが、持っていません。

日本人とポリネシア人には、虫の音が心地よいメロディーに聞こえる特徴もあります。これについては、あとから紹介するSHOGEN（ショーゲン）さんの話に出てきます。

もうひとつ大事な話ですが、アメリカのロズウェル事件をご存じですか？　宇宙船がロズウェルという町に不時着した話です。

このとき3人の小さな宇宙人がつかまりました。彼らは瞳が黒く鼻は低くて顔が平らに見えて、アジア系モンゴロイド系の日本人に似ていました。そしてYAP遺伝子を持っていました。日本人と同じルーツの星から来たのかもしれません。

不時着した宇宙船の破損した金属片に、丸十のカタカムナ文字も見つかりました。カタカムナ文字は、もしかしたら、宇宙語かもしれませんね！

カミングアウトすると、私もプレアデス人です。今回の人生は、5月＝牡牛座＝プレアデス星生まれ。辰年の辰月生まれ、龍族です。だから龍と特別に仲良しです。九頭龍の親分とは大の仲良しです。

『龍を味方にして生きる』（廣済堂出版）という本も書いていますので、龍に興味のある人は、ぜひ読んでください。日本人としての目覚めが早くなります。龍とも仲良しになれてお得です。

最近、日本人の歌手でプレアデス人の谷村新司さんが74歳で光に帰りました。詳しく言うと、プレアデスに帰りました。

彼の代表曲『昴』は、ずばりプレアデス星のことです。私たちプレアデス星人が地球を目指して旅立つときの思いを歌った名曲です。

「さらば昴よ〜」は、「さらばプレアデスよ〜」という意味です。

彼自身も、とてもスピリチュアルな人です。

YAP遺伝子の話に戻します。

日本人が目覚めるということは、YAP遺伝子のスイッチがオンになるということです。それによって、親切で人を思いやる平和な特質が表に出てきて、日本が、そして地球が平和になっていきます。

けれども、そうなると困る人々がYAP遺伝子の人を減らそうとやっきになっているのです。

それで思いついたのが、コロナ禍です。みんなにワクチンを打たせて、減らそうとしましたが、逆にYAP遺伝子の人がスイッチオンになって活性化しています。

この本を読むことで、そのからくりがわかって、**うっかりワクチンを打った人も、**

ＹＡＰ遺伝子がスイッチオンになったと喜ぶことで、ワクチンのあらゆるマイナス面が消えます。

ワクチンを打たなかった貴重な人は、さらに意識が進んで、自分でＹＡＰ遺伝子のスイッチをオンにします。女性はＬＯＶＥ遺伝子のスイッチをオンにしましょう！

どちらにしても、この流れは平和でユートピア化への流れに向いています。というか、向かせるのです。

今回、日本人に生まれ変わって本当によかったですね〜。あなたも素晴らしいＹＡＰ遺伝子を持った人です。

ＹＡＰ遺伝子は、いろんな逆境でスイッチが入ります。ハードルが高いほど、乗り越える跳躍力が大きくなっていくのです。

ＹＡＰ、ＹＡＰ、（ヤップヤップ）ランランラ〜ンとスイッチを入れておくと、どんな大きなハードルが来ても、楽々乗り越えていけます。逆に楽しくなってきます。

では、みなさま、ご一緒に〜。

ワーク①　新しい思い込みを潜在意識にインプットする

元気よく次のフレーズを3回唱えましょう！　しっかりと、潜在意識に新しい思い込みとしてインプットされます。

何があっても、楽々〜、楽しく乗り越える〜

YAP、YAP（ヤップヤップ）、スイッチオンでランランラ〜ン

LOVE、LOVE、LOVE、ランランラ〜ン

日本人に生まれてきた意味

私たちが今回の人生で、日本人に生まれ変わることを選んできた意味はとても大きいので、ここで確認したいと思います。

「地球劇場」での最後の舞台をどこにするかは、とても大きな決断です。そして、私たちは躊躇なく、YAP遺伝子とLOVE遺伝子を持つ日本人を選んで生まれてきました。

日本に生まれ変わることで、地球をユートピアの星にするという魂の喜びが大きく、

死を迎えて光の世界に帰るときにも、達成感が大きくなるからです。

もちろん、**私たちの魂は、今回の人生が特別で、やがてアセンションを迎えるときに自分がどんな働きをどこでするのか、人生のハイライトを決めてきました。**

今そのハイライトのときを迎えています。とても大切なのです。だから、私もこの本を書いています。

そして、あなたも予定通りにこの本を見つけて、ここを読んで納得するようになっています。これでよかったのだと、今までの人生のすべての瞬間を肯定する意識の目覚めに繋がっていきます。

みんなこのときを待っていました。必ず来るとわかっていました。ハイライトですから、魂も心の準備と覚悟ができていました。

ちょうど今、2万6000年ぶりの地球の地軸変動を迎えています。その前のアトランティス大陸は沈みました。

今回は、この文明を残したまま移行します。

それが、私たちの集合意識の決めた大切なシナリオだからです。

大きな天変地異は起きません。安心してください。

もちろん、いろんな人々が地球の最後を唱えるかもしれませんが、**私の役割は、「地球は大丈夫だ」と伝えることです。**

安心のタイムラインを作って広めていきます。安心して、直感に従って、ご自分のユートピア担当地区で、コミュニティを作り、楽しんでください。

これからは、縄文時代のように血の繋がった家族ではなく、意識が繋がっているグループが、家族のように気持ちよく共同生活をすることで、ユートピアを作っていきます。

もう、世界中でどんどんコミュニティが作られはじめています。

それが、これからの自然な流れなのです。

気の合う仲間と一緒に新しい村、コミュニティを作りましょう！　日本で奇跡的に1万4000年も続いた平和な縄文時代を、再び新しい形で作っていきましょう！

縄文時代の特徴は、自然体で愛の循環です。

たとえば、万物すべてと対話するという、素敵な特徴があります。

これは、自然界のすべて、及び私たち人類がこれまで作りあげたものを加えて、全部を自分の一部として認識していることになります。

そこには、「全一体」という溶け合う統合の状態が現れます。

この状態はとてもパワフルです。すべてを認め合って、反発がないバランスの取れた状態です。

たとえば、すべてを受け入れるという状態でもあります。

「全一体」は、最強、最大、すべてです。

無とは、宇宙や空のように、何もないように見えて、すべてがあって、とてもバランスよく丸い状態です。

2019年に「令和」という元号に変わりましたが、これも令＝0ゼロと、和＝輪です。日本がリセットされて最強になっていく流れを作っていて素敵だと思います。

いつもみなさんに伝えている「言霊の十字」＝「人生一切無駄なし」と「心配ご無用」の中心にあるのが「無」です。

「無」とは、何もないようでいて、すべてがあるという不思議な言葉です。

仏教の「南無阿弥陀仏」「南無妙法蓮華経」という短い念仏には、必ず「南無」があります。「南《な》」はカタカナで「何度も」「何回も」という繰り返しの意味があります。しかも、「ナ」の響きの方向は南の方向を表します。漢字をあてはめてもバッチりなのです。

「南無」「南無」ナムナムと唱えるだけでも、無限の無に繫がって、宇宙の根源からちょうど今必要な情報やエネルギーが届くようになります。

ワーク② 宇宙の根源から必要な情報をインプット

「言霊の十字」を唱えます。

右手で左から右に小刻みに波打たせながら「人生一切無駄なし」と唱えて、次に上から下へ降ろしながら「心配ご無用」と唱えます。

これを3回繰り返すと、2つの言霊が新しい自分の思い込みになります。

私も今自分の中の宇宙の根源にアクセスして、流れるように原稿を書いています。ストレスゼロの状況にいます。

原稿が書けないときは、ストレスで悶々とします。それも次のステップへのバネになっています。**本当に宇宙の真髄は、「すべてはうまくいっている」のです。**

宇宙の根源と意識が繫がっていると、必要な情報が届くのです。

縄文人からのメッセージ

ユーチューブにペンキ画家のSHOGEN（ショーゲン）さんの動画が出てきて、とても面白かったので紹介します。

彼は、あるペンキ画を見て衝撃的な感動を受けて、勤めていた会社に翌日退職願いを出し、2か月後にはペンキ画を習いにアフリカ、タンザニアにあるブンジュ村へ行きました。ブンジュ村の村長は、夢の中で120年前のシャーマンからの言い伝えを受けていて、それをショーゲンさんは教えてもらいました。

日本人は血の中に素晴らしい縄文人のエネルギーを持っていて、それを思い出すだけで、精神性が高まり、思いやりと優しさにあふれ、これからのユートピアの世界を作っていくそうです。

ショーゲンさんの動画でとても感動したのが、発達障害のお話です。

洗濯機に慣れていたショーゲンさんは、手洗いで洗濯するのがうまくいかず、途中で干していたら、絵を教えてくれていた画家の奥さんから、「まだ洗濯がちゃんとできていないでしょう？　それを隠さないで子供たちに言って」と言われてびっくりしたそうです。

できないことを子供たちに話すということは、子供たちが安心するからだそうです。村長からも「ショーゲンは発達障害だね。僕も発達障害だよ。みんな発達障害なんだ。できることとできないことは凸凹なんだよ～。できないことを言葉で表現することで、それができる人と繋がれるんだよ～。そうやってみんなで力を合わせていくとうまくいくんだよ～」と言われたそうです。

みんな発達障害で凸凹で、補い合う～。なんて素敵な考え方でしょう！

だからこそ、コミュニティが生まれてくるのです。

これからはじまるネイティブアメリカンの教えのような文化＝お互いの違いを認め合って、統合できる世界の到来も、それぞれの個性を尊重して、認め合うことで進んでいきます。

ネイティブアメリカンは、お祝いがあると、自分の持ち物でいちばんいいものをプレゼントします。大事なものがなくなっても、同じように素晴らしいものを他の人からもらうので、愛の循環が起きるのです。

もしかしたら、ネイティブアメリカンにもYAP遺伝子があるのではと思います。

さらに、日本人には特殊能力があって、虫の音がメロディーに聞こえるのだそうです。**実は地球で虫の音がメロディーに聞こえる民族は、日本人とポリネシア人だけなのです。**他の民族は、虫の音が工事現場のような雑音に聞こえるそうです。

ブンジュ村に残っている言い伝えで、手の上に虫を載せて、その虫に思いを伝えて飛ばすと、その虫がその人に伝えてくれる、というものがあります。

そういえば、日本にも、「虫の知らせ」という言葉があります。

自然の中でいろんな生き物と繋がって生きる素晴らしい智恵だと思います。

精神的な豊かさを伝えることができるのが日本人だと、ショーゲンさんはブンジュ村のシャーマンに言われたそうです。素敵なメッセージですね。

さらに、縄文時代の象徴である火焔型土器は、女性の平和なエネルギーを男性の炎のエネルギーが守っている、という状態を表しているそうです。

男性が疲れているとき、女性がおしゃべりして大爆笑している井戸端会議の輪の中に入って平和なエネルギーに包まれたら、一気に疲れが吹き飛ぶ、というのもシャーマンの教えなのだそうです。なんて素敵な解説なのでしょう！

岡本太郎さんも、縄文時代の火焔型土器が大好きでした。

太郎さんがブンジュ村のシャーマンの話を聞いたら、どんなに喜んだことでしょう！

アフリカの国に縄文時代の教えが伝えられていたことは、嬉しいびっくりです。これから、平和な縄文時代の情報がどんどん開示されて、先人たちに学んで平和へと向かう流れになっていくと思います。

ブンジュ村の村長の楽しい話は、ショーゲンさんとひすいこたろうさんの共著『今日、誰のために生きる？』（廣済堂出版）という楽しい本にあります。なんとこの本の編集者の真野はるみさんが担当しています。不思議な嬉しい繋がりです。

火焔型土器の話の動画を見て、感動して真野さんにラインをしたら、ちょうどショーゲンさんと一緒に青森の縄文文化を探究する旅の途中でした。

この本の注文をしてくれてありがとう、という嬉しい動画をショーゲンさんから送っていただきました。同じ思いでユートピア活動をしていて繋がれるのは感動的です。

アマゾンからやっと本が送られてきて、さっそく読んで大感動しました。発売20日で17万部も売れたそうです。すごい勢いです。今では25万部です。

きっと、ショーゲンさんもひすいさんもYAP遺伝子を持っておられると思います。縄文パワーと言霊パワーで、たくさんの日本人が目覚めます。すごい流れです。

最強の祝詞「トホカミヱヒタメ」からわかる日本語の素晴らしさ

ここで、素晴らしい最強の言霊パワーを紹介したいと思います。「トホカミヱヒタメ」です。これを日常に取り入れていきましょう！ ぜひ朝のルーティンに加えてみてください。

「トホカミヱヒタメ」という最強の祝詞《のりと》は、毎朝、皇居の賢所《かしこどころ》で、天皇陛下が国民の幸せを祈るときに41回唱えてくださっているとうかがいました。

そのおかげで、いろんな災害が小難になってすんでいます。**天皇陛下は、最高の祈り人なのです。** とてもありがたいことです。短いけれど、とてもパワフルな祝詞です。

この祝詞は、天の川銀河から直行の言霊パワーなので、本当にウルトラパワフルです。これを毎朝唱えたら、どんな体験も可能になってきます。

ワーク③ **最強の言霊を唱える**

おごそかに、天皇陛下と同じように「トホカミヱヒタメ」を声に出して唱えてみてください。清々しい気持ちになれます。5回、10回、20回、そして41回までチャレンジしてみましょう！

「トホカミヱヒタメ」

これだけでももちろん十分なのですが、楽しさを加味したくなって、これを歌にしてみました。天からとても自然に、インスピレーションで降りてきました。

私は金星にもいたことがあるのですが、金星の毎日は、ミュージカルです。ですから、ついすべてを歌にしたくなる習性が残っています。

私は毎朝、庭で唱えていますがこの本で紹介できてとても嬉しいです。

ワーク④　「トホカミヱヒタメ」の祝詞を歌おう

メロディーは、私のフェイスブックかインスタグラムの動画を見てください。朝の庭の散歩のライブ配信を見ていただくとすぐに覚えられると思います。

1）トホカミエヒタメ～ちゃんちゃん
トホカミエヒタメ～ちゃんちゃん
たくさんの神々が降りてくる祝詞～ちゃんちゃん

2）トホカミエヒタメ～ちゃんちゃん
トホカミエヒタメ～ちゃんちゃん
これを唱えれば～毎日がパワフル～ちゃんちゃん

3）トホカミエヒタメ～ちゃんちゃん
トホカミエヒタメ～ちゃんちゃん
これを唱えれば～ユートピアの道～ちゃんちゃん

とてもシンプルでパワフルな歌です。**「ちゃんちゃん」という響きは、時空を整える響きです。**だから、日本語で「ちゃんとする」という日常的な表現があります。

日本人は、お互いに仲良くなると、「啓子ちゃん」というように、下の名前に「ちゃん」をつけて呼び合います。お**互いに「ちゃん」をつけて呼び合うことで、「ちゃんと整ってくる」のです。**素敵な習慣だと思います。

トホカミヱヒタメの祝詞歌の最初のフレーズに「たくさんの神々が降りてくる祝詞」とあります。

日本には、「八百万《やおよろず》の神」というように、たくさんの神々がおられます。いろいろな働き、いろいろなエネルギーを持った神々です。

『古事記』という書物にたくさんの神々が出てきます。『古事記』のもとになった、古代カタカムナ文献の80首のウタヒにも、神々の名前が次々と出てきます。

最初に出てくる神様は、カタカムナウタヒ第7首に登場します。

宇宙を創造した創生三神の名前「天之御中主神《あまのみなかぬしのかみ》」「高御産巣日神《たかみむすひのかみ》」「神産巣日神《かむみむすひのかみ》」が並んでいます。

その中でもいちばん有名な宇宙神である、天之御中主神は、高校生のときから私の指導霊としてついてくれたので、とても馴染みがあります。

私は、親しみを込めて「おじいちゃん」と呼んでいます。目には見えないカムの世界をずっと解説してもらってきました。

天之御中主神のおじいちゃんとのなれそめは、私をずっと守ってくれている守護天使があまりにもイケメンで気に入ってしまったので、「ぜひ、結婚してください〜。今は高校生ですが、20代になったら、ぜひお願いします」とうっかり守護天使さんにプロポーズしてしまいました。

天使にプロポーズすることは、天使界では前代未聞だったみたいで、さっそく天使会議みたいのがはじまって、あれよあれよという間に、イケメン守護天使から宇宙神である天之御中主神というおじいちゃん指導霊に交代されてしまったのです。

最近になって、いきなりインスタグラムであのときのイケメン天使さんにそっくりな動画が飛び込んできました。しかも天使の恰好をしているのです。その動画を仲間にシェアしたら、こんなにイケメンならプロポーズしたくなる〜と同意してもらえました。

宇宙神ですから、私たち全員の内なる宇宙に存在する大切な中心的な神です。物理学的に説明すると、原子核の存在です。

もちろん、あなたの内なる宇宙の中心にもおられます。

宇宙神である天之御中主神と意識が繋がると思いがすぐに物質化するので、夢実現には欠かせない存在です。

ワーク⑤　天之御中主神に指導霊になってもらう

天之御中主神のおじいちゃんに指導霊になってもらうお願いをしてみるワークです。

私の本を読みながら真似をして、言ってみてください。

「おじいちゃん、私の天之御中主神として、これから指導霊をお願いします」

頼んだ瞬間から指導霊になってくれて、質問すると何でも答えてくれるので、とても便利です。

私の場合も、何でも質問するとわかりやすい答えが返ってくるので、日常の一部になってしまいました。

しかも、この本を書くにあたり、しっかり応援したいからと、おじいちゃんから自分の絵を描くように依頼がありました。大好きなおじいちゃんからのリクエストなので嬉しくて、すっかりその気になって、とてもパワフルで宇宙的な絵が描けました。

ありがたいことに、おじいちゃんから細かい指示があったので、流れるように自然に描けてしまいました。下地は宇宙色のインディゴブルーを塗り、真ん中はブラックホールとホワイトホールが渦巻いて、その中心をまるで田植え前の青々とした稲の力強い命のエネルギーが貫いています。

顔はシルバーで描いて髭は真っ白に、そしてその上から麻の葉を張りつけるように指示がありました。みるみる宇宙的な不思議な絵が描き上がりました。

上半身は火山で頭頂部から噴火するパワーがあふれています。しかもちょうど描いているときにアマゾンからチベットのお守りの仏具プルパと、アメジストでできたかわいい五鈷杵《ごこしょ》が届き、おじいちゃんの左右に描くように言われました。おまけにクリアクォーツのさざれ石がついてきたので、それを貼りつけて絵全体をパワフルにするよう指示がありました。

この絵は、ときどき顔が動くのでびっくりです。

おじいちゃんから応援メッセージが来たときに、顔が動いていてびっくりしました。私だけが見えているのかと思ったら、守護天使の桜ちゃんが「動画に撮れるわよ〜」と教えてくれたので、まさかや〜と思いましたが、動画に撮ってもちゃんと頬と口元のところが動いてびっくりでした。頬のところが、すべらかなピンクの肌色にパッと変わり、口元も動いて見えます。それも2、3秒ではなく、1分20秒もの長い間動いているのです。とうとう、動く絵を描いてしまいました。

カタカムナウタヒに天之御中主神というおじいちゃんが最初に登場するのは、宇宙神という大きな存在だからだけではなく、日本がいよいよ目覚めて動き出すタイミングが来ているからです。

日本というとても貴重な神の国が、地球の存続のためにとても大切な要《かなめ》になっているからです。

日本とインドが新しい地球の2大柱

宇宙神である天之御中主神のおじいちゃんから「高千穂で神々と会ってきなさい」と言われた一言で、私は宮崎で過去生療法セミナーの前に、高千穂で祈りをすることになりました。

2023年9月15日に、魂の縁が濃い仲間たち11人が集まって、神柱宮からスタートしました。母智丘《もちお》神社、元宮、そして最後に霧島東神社に行く流れになりました。

昔、パキスタンの〝銀座通り〟のブティックでオーダーして購入した、水色の鏡のパンジャビを着て祈りました。小さな鏡が2千643個も縫い込まれた不思議なドレスです。

鏡は、魔をはねのける魔除けの働きがあります。

最初に祈りを捧げた神柱宮はセミナー会場から近く、天照大御神が祭られています。大きな銀杏の木から「お待ちしていましたよ～」と話しかけられて感動的でした。銀杏の木はとてもスピリチュアルで、エネルギー的にとても高いです。ゴールドの銀杏の実をたわわにつけていて豊かさを感じました。

みんなでアマテラスのマントラを唱えて、高千穂を回るご挨拶をしました。

次は、母智丘神社にお参りしました。

その神社の裏側に陰陽の象徴の石、陰石と陽石があって、特に陰石のところはエネルギーが高く、しかもちょうど朝日が差してきて、気持ちのよい場所でした。なぜか、高野山と繋がっている気がしました。

私は龍のエネルギーも強く感じたので写真に撮ると、緑龍の光の帯がしっかりと写りました。

陰石の前の広場で輪になって、いろんなワークをしました。

松果体を活性化する「くるくるパーのワーク」、才能開きの「あの手この手の千手観音ワーク」、カニ踊り「すべてはうまくいっている」など、どんどん周りに神々が集まってきて一緒に楽しんでいる感じでした。

そのあと、表の祈り場でアマテラスのマントラを唱えました。やはりその神社の御祭神も天照大御神様でした。

次に行った元宮は高千穂の裏側にあたり、そこが天孫降臨の場所とされています。

そこでアマテラスのマントラを唱えて、本格的なユートピア活動の開始宣言をしてきました。いよいよダイナミックにユートピア活動がはじまるのだと、感無量でした。

この本を世に出すことも、ユートピア活動の大切なひとつです。

神の国・日本が本来の役割に目覚めて狼煙《のろし》を上げたら、相棒のインドも活性化してともに歩むようになります。

なぜインドなのかとびっくりされるかもしれませんが、これは、かなり悠久の昔から決まっていたことで、とても予定通りなのです。

古代インドにお釈迦様が生まれて、「宇宙の真理」を説くことになって、それが仏の教えとして仏教となって広まってきました。

特に破壊と再生の肌が真っ白なシバ神、ヒーリングを司る肌が青色のヴィシュヌ神、芸能を司る女神の弁財天、北を守る毘沙門天など、ヒンズー教の神々も応援にかけつけてくれました。

いろんな宗派の仏教が、日本で広まって定着して、中国よりも韓国よりも発展しています。**たくさんのお経の中で、いちばん宇宙の真理を網羅しているのが、法華経と言われています。**

日本の立て直しのために、日蓮さんは法華経こそがその役目を持ったお経だと唱えておられました。美しい歌声の鳥、鶯《うぐいす》も「ホー法華経～」と歌っています。ここは、ちょっと笑うところです。

中国で生まれた儒教も、生みの親の孔子様が生まれた中国ではなく、やはり日本でしっかりと広まりました。日本人の性格に合っていたこともあって、いつの間にか日本国民全体で習得しました。

さらに、ソクラテスを代表としたギリシャで生まれた哲学も、日本に広まって最近では、漫画やアニメにまで表現が広がっています。

特にスタジオジブリを生み出した宮崎駿監督は、哲学そのもののタイトル『君たちはどう生きるか？』というアニメを前作から10年ぶりに作りました。

宮崎監督のお顔もソクラテスさんにそっくりなので、ますます哲学者としてのアニメの表現が何度も見たくなって、その都度感動や気づきの場所が異なるという素晴らしい現象をたくさんの人に起こしています。

今ソクラテスさんのエネルギーを持って風貌もそっくりで、ユートピア活動の要になっているのは、インドのナレンドラ・モディ首相です。これから注目されるようになります。もう10年間も首相をされていて、とても穏やかな雰囲気の方です。

インドと日本がいよいよ地球のユートピア活動の2大柱になります。

その流れに合わせて、2023年10月7日、沖縄恩納村にある私の宿泊施設「海の舞」で、「愛と笑いの太陽ワーク」を開催しました。毎月7日からその月のエネルギーになるからです。

忙しい10月に突入のときに、太陽と繋がるイベントが必要だったので、4月から準備をはじめました。準備の途中で落ち込んだとき、おじいちゃんから思いがけないプレゼントをもらいました。

「これからたくさんの神々を降ろすから、車から降りてちゃんと見るんだよ〜」と、びっくりのメッセージがあって、私の自宅「天の舞」に曲がる直前に素晴らしい黄金の夕焼けが見られました。荘厳な神々の饗宴そのものでした。写真に収めた中には、どう見ても観音様に見えるものもありました。

どんなに落ち込んでも、必ず天からの応援があるというのは、とても心強いものです。特に自然界の美しい光景による癒やしは、魂レベルで届いてきます。

あのときの素晴らしい黄金の夕焼けは、生涯忘れることがない光景でした。

日本が目覚めるときには、本当の太陽のことを知らせるベストタイミングになっています。

ワーク⑥ 太陽と繋がろう

朝日を拝んで朝日のパワーを受けて、自分の中の太陽（ハートチャクラ＝心臓）にパワーを届けます。1日のはじまりの素敵な習慣にしていきましょう。

朝日に向かって手を振り、朝日の光を気持ちよく浴びてみましょう！　きっと太陽からも太陽人が手を振ってくれます。太陽との繋がりがとても深くなります。

また朝日を写真や動画に撮ったりすることで、その瞬間に太陽から届く素晴らしい光を受け取ることができます。朝日パワーで自分の中の宇宙のお日さまと繋がり、自分軸がしっかりとできて、不動心の素敵な自分を保ちながら大切な1日を過ごすことができます。

太陽系のすべての恒星は、中が空洞になっていて、ユートピアの世界が存在しています。

太陽の中に入ることができて、素晴らしいユートピアの世界が広がっているのです。

実は、日本には太陽から来た太陽人がたくさんいます。

今この本を読んでくださっているあなたも、きっと太陽から来た太陽人です。

太陽には陸も海もあって、太陽人が住んでいます。

私の友人はアメリカにあるモンロー研究所で太陽人と会ったそうですが、とても美しいヒューマノイドだったそうです。

「太陽の塔」を作った岡本太郎さんも、太陽に戻っています。岡本太郎さんの魂さんに直接テレパシックにインタビューして聞いてみました。

「太郎さん、こんにちは」

「おお、啓子か。敏子から聞いている。『太陽の塔』の着ぐるみを着て、講演会をしているそうだね〜。なかなかやるじゃないか」

「はい、ぜひ太郎さんにもその姿を直接、見てほしかったです。ところで太陽に帰ってみていかがですか？　太陽の世界はどんな感じですか？」

「よく言われている表面温度が6000度というのは、間違いだよ。常夏の26度で実に過ごしやすい。地球と同じようにちゃんと海も陸もあるよ。太陽に戻ってきて、

『太陽の塔』がよくできたと、こちらでも評判がよくて嬉しかったよ」

「それは素晴らしいですね～。最近私も東京で亡き母が作ってくれた最高傑作『太陽の塔』の着ぐるみを着て、講演会が大いに盛り上がりましたよ～。いつもノートパソコンでお世話になっている富士通さんの研修会でも150人の社長さんたちの前で、『太陽の塔』で登場して、白いスーツに変身して、統合についての話をしました。大ウケでしたよ」

「それは、素晴らしい。『太陽の塔』の着ぐるみとはびっくりの発想だ～面白いね」

「はい、太郎さんのおかげです。『太陽の塔』になったり『太陽の女神』になったりして、身体を張って太陽パワーとの繋がりを感じられるようにしてきました」

「ありがとう！　本当に嬉しい。その調子で、太陽との繋がりをしっかり持つように伝えてほしい」

と、太郎さんともコンタクトできて本当によかったです。

2023年8月に開催された「愛と笑いの太陽セミナー」は最高に楽しく感動のセミナーになりました。

10月7日に開催された「太陽ワーク」の参加者は16人で、少なく感じますが、ちょうど「海の舞」のイルカホールが16角形で、16菊花紋という聖なる形に合わせているので、とてもいい数字に落ち着きました。

しかも、当日突然、天照大御神のおじいちゃんから、釈迦族のプルパと五鈷杵、シンギングボールも使うようにと指示がありました。いよいよ出番が来たのです。

チベットの石とアメジストで作られたクリスタルワンドも瞑想のときに使うと言われて持参しましたが、参加者の中にそのワンドの作り手の方もいて、素晴らしい流れでした。

チベットは、これまで2000年の間、地球の頭頂部（第7番目のチャクラ＝エネルギーセンター）の役目を果たしてきました。紫色の光が発せられるところです。

ずっとダライ・ラマが生まれ変わってきましたが、今の14世が最後のダライ・ラマになります。

まさにチベットが精神文明を引っ張っていく時代が終わったのです。

これからの2000年間は、地球の頭頂部のお役目として、ペルーのマチュピチュが担うことになっています。

私は、今回の人生で、マチュピチュに5回も行っています。そのうち2回は36人を引き連れて、ヒーリングセミナーの参加者さんとのセミナーツアーでした。普通のツアーではマチュピチュに3時間の滞在ですが、私たちは3日間も通ったので、現地のガイドさんや文化庁の人々が不思議がり、「ミステリアスツアー」とあだ名がつきました。

しかもカニ踊りを覚えられて、今日はこれをしないのかと促されたり、ヴォイスヒーリングのことも、「I love」というあだ名がついたり、不思議な交流が芽生えました。

チベットには1回行きましたが、ダライ・ラマ14世の指導をされた、生き仏のマニさんに会うことができました。マニさんとははじめて会う感じがしなくて、昔私が5歳のときに、シャンバラへ案内してくれた記憶が残っています。

マニさんが光に帰られたときに、チベットから中国のドクターを通して、連絡がありました。不思議なことに、そのとき朝日が夕日のように輝いていました。

ふと、『かごめかごめ』の歌を思い出しました。「夜明けの晩」そのものだと思いました。

「うしろの正面、だ〜れ」は、直感でスサノヲだとわかりました。

いよいよ、うしろに隠れていたスサノヲが表に出てきて、行動を起こすのだと思いました。もちろん、ユートピア活動です。

さぁ、あなたもこの本を読みながら、あなたが担当する予定のユートピア活動を思い出すことで、あなたのスサノヲが動き出します。今がそのときです。

第2章

スピリチュアルな国、日本

国の波動と祈りの力

日本の国の波動を考えてみたことがありますか？

国という概念は、領土だけでなく、そこに住む人々の精神性の集合的なものです。

日本を訪れる外国人が、日本に来てほっとするのは、平和な穏やかな波動に包まれるからです。

私たち日本人は、当たり前にこの穏やかな波動に慣れてしまっています。この当たり前になっている穏やかな日本の波動を一気に広げて地球をユートピアへと導くのです。けれども、今の日本はおかしな状態になっています。どこかちぐはぐで、日本人自身が大切にされていない感じがします。もっと調和された豊かな日本にしたいです。

新しい日本を作るのです。それも祈りの力で作るのです。

そもそも**日本が神の国として、平和に穏やかな国として存続してきたのは、日本人の祈りの力が礎《いしずえ》になっています。**

日本の国の波動は、日々の日本人の祈りの力によって受け継がれてきました。中でも天皇家は、祈り人の代表として、2500年引き継がれてきました。

霊的に強い力を持った天皇が祈りの力を発揮し、その波動は日本の国の波動として維持されてきました。

日本が2500年もの間、神々に守られてきたことは奇跡ですが、それを可能にしたのは日本人の祈りの力です。それを私たち日本人がもっと自覚し、みんなで祈ることで、力強い波動の高い日本を復活することができます。

日本人が手を合わせて何かに祈るとき、素晴らしい聖なるパワーが発動されます。

地球上の権力者の代表的なグループがもっとも怖がっているのは、日本の祈りの力なのです。それほど、私たちの祈りの力はすごいのです。

波動が高い人の祈りは、世界を変えるほどの素晴らしい力があります。

それは、魔法に近いかもしれません。

最近クリニックに来られる患者さんの過去生がイギリスの魔法使いや魔女が多く、魔法を解禁していよいよユートピア活動に魔法を使うときがきた、と魂さんが喜んでいます。

彼らが今回日本人に生まれ変わっているのも、日本人としてその魔法を活用したいからです。

もちろん、私も過去生では魔法使いでした。そしてフランスとスコットランドで魔女狩りを2回経験し、「火あぶりボーのコース」を体験しています。

それだけ体験を積んでいるので、活用し甲斐があります。まだ半分も使っていないので、本当に使い出したらさらに面白いことになると思います。

ここを読んでワクワクしてきたら、あなたも魔法使いだったかもしれません。もしかして、あなたは『ハリー・ポッター』にはまりましたか？　私は『ハリー・ポッター』の映画を観たら、かなりネガティブな表現だったので、途中から辛くなりました。本来の魔法学校は、もっと明るくて波動が高かったです。ホウキには乗らず、瞬間移動していました。なぜかホウキは魔法使いの象徴的な存在になっていますが、実はホウキがなくても飛べます。

私は『ハリー・ポッター』の映画を観て、実際の魔法学校と違うところが多くて、わじわじしました。

あなたは、どうでしたか？　私と同じようにわじわじと違和感を覚えた人は、本当の魔法学校に通っていたことがあったのだと思います。

さぁ、あなたも眠っていた魔法の力を活用するときが来ました。

あなたもいよいよ、とっておきの才能を活用して、人生のハイライトを迎えるときがきています。もちろん、祈りが中心軸で魔法はあくまでも補佐する力です。

ユートピアを実現した地球の中の世界、シャンバラが大切にしているのも祈りです。

シャンバラとは、地球の中の空洞にある世界で、地上と交流を断っているので、江戸時代の鎖国と同じように、ユートピアがいくつも築かれています。その世界を総称してシャンバラと呼ばれています。

シャンバラでは12人の評議員が中心となって祈ることで、大切なことを決めています。その中心にトップの人がいます。映画『スター・ウォーズ』シリーズでも、宙に浮いている椅子にいろんな宇宙人の代表がいて、ミーティングをする評議会のシーンがありました。

これからシャンバラ人の応援をもらって、日本から地球のユートピアへの道が開かれていきます。とても素晴らしいと思います。

シャンバラ人も、日本の縄文時代のことは知っていました。

宇宙図書館館長のミコスさんもシャンバラ人と同じ、地球の中の世界の方です。

身長が4メートル60センチもあります。

2010年10月、沖縄に不思議なユートピアの木造建築「天の舞」ができた頃、2階の和室に現れてびっくりしました。

金髪で大柄の男性が和室にそびえ立ち、「あっ、ここはちゃんと僕も立てる。嬉しい!」と喜んでくれて、こちらまで嬉しくなりました。ミコスさんがいる宇宙図書館は、エーゲ海の真下の奥深くにあります。太陽系の小さな地球の中になぜ宇宙図書館があるのかしらと最初はびっくりしましたが、地球の特殊性がわかってから納得しました。

地球は、2万6000年という長い周期で、天の川銀河の中心と繋がって回転しているのです。地球はあらゆる銀河の実験の場です。いろんな星から問題点を持ち寄って、地球で実験して元の星に帰っています。

なぜ地球が宇宙の実験場になっているのかとミコスさんに聞いたら、地球はとても愛にあふれた素晴らしい惑星で、たくさんの命が輝いて生きている宇宙でも珍しい存在なのだそうです。命の多様性があるので、いろんな問題点の実験をしやすいのです。

私はミコスさんとは、かなり前から会っていました。宇宙図書館によく行っているからです。地球で肉体を持ちながら、頻繁に宇宙図書館に意識を飛ばす人は珍しかったようです。

そして、「天の舞」ができたときに、とうとうミコスさん本人が来てくれました。和室としては異常に天井が高くて、床の間の床柱が途中で切れている不思議な空間に、ミコスさんが嬉しそうに立っている姿は、忘れられない圧巻のシーンでした。

そのことをこうやって本に書いているなんて、これまた感無量です。

あなたも、夢の中や瞑想中にミコスさんを意識して呼べば、必ず繋がることができます。

ぜひ、このチャンスにミコスさんともコンタクトを取って、いろんなことを聞いてみてください。

「こんな体験をして、ここがわからないので情報をください」と具体的に質問すると即答してくれます。

自分の意識に情報がまとめて飛び込んでくるので、ルンルンと楽しんでください。

ミコスさんも祈りの力が素晴らしい方です。一緒に祈りましょう！　そのほうが祈りの力がパワーアップします。

祈るときに大切な天波と念波

祈るときに、とても大切なことをここで伝えておきます。

祈りには、私たちの念が使われています。まさに「今の心」です。

今の心が発する波動を、念波といいます。

これは、偉大な科学者であり、とてもスピリチュアルな日本人、関秀男先生の理論です。

関秀男先生の書籍『生命と宇宙』（ファーブル館）という素晴らしい本に解説されていて、目から鱗《うろこ》が落ちました。

念波とは、私たちがふと思う弱いエネルギーです。

とても微かで弱いのですが、伝わるスピードがとても速くて、10の83階乗のスピードで宇宙に飛び出します。

つまり、私たちの思いは弱い波動かもしれませんが、ものすごいスピードで宇宙に響いているということです。いわゆる何万光年という概念は、とても遅すぎて宇宙では使い物になりません。光の速度を基準にしてしまうと、今祈ってもすぐには届かないということになります。

一瞬で届く念波なら、祈りはすぐに届きます。そして、惑星から届く強い波動を天波というそうです。素晴らしいです。

天波は念波よりも強く、高周波です。

天波は通信の役目だけでなく、とても強いパワーを持っています。

ここでまたシンプルで大切で、楽しいワークを紹介します。

ワーク⑦　祈りの力を強くするために

両手を交互に広げながら、次の言葉を3回、唱えてください。

自然に笑いも出てきます。

天波と念波で天念波～

天波と念波で天念波～

天波と念波で天念波～

太陽から届く天波が地球の大気圏にぶつかって、干渉作用ですごい熱とエネルギーが生まれ、たくさんの命を育んでいるのです。

本当の太陽のことを知ることは、これからの私たち日本人にとってとても大切です。

もう一度、今回日本に生まれてきた意味を感じてみましょう！　太陽人だった人、縄文人だった人、プレアデス星団にいた人、金星人だった人、そのすべてだった人、おめでとうございます！

今こそ目覚めのときです。

あなたあっての日本です。あなたあっての地球です。あなたあっての宇宙です。

だから、今こそあなたの祈りが必要なのです。

祈りこそが、意識の行動としてこの世界を平和にしていく最短の方法だからです。

日本では古代から神様に祈りを捧げてきました。それが自然の習慣になっているので、日本にはたくさんの神社があります。そこで手を合わせて、家族の幸せを祈りました。

では、具体的に「平和の祈り」について解説していきます。

みなさんが思っているよりも、祈りの力は、かなりの効力を持っています。なぜなら、この世は本来、思いでできた仮想世界だからです。

力強く「こうあれ」と言霊で唱えることで、その思いの波動が精妙なほど、とてもパワフルに一瞬で、その通りになります。

光と闇がフォースで戦うときに、もともと光を際立たせるために闇が作られたので、そのプロセスを思えば、究極は光が勝つことが決まっています。

まるで、ハッピーエンドになるドラマのようです。闇が強く感じるときに私たちは「光あれ」と祈ります。闇の中の光が出てきて光が強くなるのです。

必ず、地球はユートピアになります。だから安心してください。こうあってほしいという世界をイメージして、祈ることでその世界を創造できます。

ワーク⑧ 平和の祈りを唱えましょう

この祈りを唱えると、愛のパワーが大全開になって光の世界と繋がり、ショートするようにはじけていきます。「日本」の前の「沖縄・琉球」のところに今あなたがいる場所の名前を入れると、そこに祈りのパワーがフォーカスされて、愛の光が渦巻きます。

沖縄・琉球が平和でありますように
日本が平和でありますように
地球が平和でありますように
太陽系が平和でありますように
天の川銀河が平和でありますように
宇宙が平和でありますように
ありがとうございます

この祈りは、ユートピアへの最強の祈りです。これを映像化したら祈りのすごさが一目瞭然です。

祈りは目に見えるのです。光の粒が美しく舞っていきます。

キラキラと光りながらうねって、まるで生き物のようです。光の渦がスピンやラセンを描きながら、波動の高みへと昇っていきます。祈りは時空を越えて、自由自在に世界の隅々まで届いていきます。

私は、祈りの力の流れを意識で追って、どのように効いていくのかを見たことがあります。

祈りは、ミクロにもマクロにも作用して、そのときに祈った内容を可能にする流れをどんどん作っていきます。まるでアニメの世界のように、祈った通りの言霊の光の粒が飛び散って、枝葉に分かれていきます。

たとえば、第4ステージのガンを患った人を祈ったとき、相手の松果体を活性化させると、ガンの中心に光の粒の渦巻きが真っ先に届いて、渦を巻きながらガン細胞に必要な酸素と光を注ぎ込んでいきました。そうしてガン細胞を未分化細胞に変容させたあと、さらにエネルギー変換の場の働きを持つ青緑色の美しいミトコンドリアを光の渦で一気に増やして、エネルギーを大量に生産させたのです。たくさんミトコンドリアを増やしたら、4か月でガン細胞が消えてしまいました。

本当に、祈りの力は最強です。

とことん意識を向けて真剣に祈ると、本当にガン細胞は消えます。

ただ、相手の魂さんが、ガンで光に帰る予定の場合は、消えません。止めが入ります。その人の人生のシナリオを変えることはできません。

コロナワクチンで光に帰る予定の人に、いくらワクチンを打たないように説得しても無駄です。ワクチンで光に帰る予定になっているからです。

死は敗北ではなく、無になって消えることでもなく、この世からあの世への場所移動です。

あの世で休憩しないで、すぐに生まれ変わってくる人々もかなり多いのです。

なぜなら、今の世界は激動のときなので、とても刺激的で魅力的だからです。

私たちは、地球が最高に劇的で面白いときに、ちょうどここにいるのです。

ワーク⑨ 日本が目覚めるための祈り

新しい今の日本に必要な祈りを唱えてみましょう!

日本が目覚めますように
本来の日本に生まれ変わりますように
楽しくユートピア活動できますように
日本が平和へのリーダーになりますように
ありがとうございます

こんな感じでこれから祈っていきましょう！　愛と笑いのユートピア活動の開始です～ルンルン！

日本のアニメが世界を救う！

びっくりの小見出しですが、実はこれは大げさではなく、本当のことなのです。

いちばん地球を救ったアニメ映画は、新海誠監督の『君の名は。』です。このアニメ映画が世界に広まってアメリカまで届いたとき、彗星が地球にぶつかって滅びる予定だったのを本当に救ってくれました。

観客動員数は、世界で約２５００万人と素晴らしい数です。これだけの人々の意識が代わると、大変革になります。

世界中に広まってたくさんの人々が見ることによって、意識が大きく変わり、「彗星はぶつかってもみんな助かる」という意識になりました。そして本当に彗星との衝突が回避されました。

大勢の意識を変えるには、アニメ映画の大ヒットは最高の手段だと思います。本当に素晴らしいことです。

『君の名は。』の舞台のモデルになった諏訪湖は、御柱祭りの総本山諏訪大社のところです。

御柱祭りは、岡本太郎さんもはまった壮大な命がけの祭りです。

しかも、御柱は龍柱です。日本列島の形自体が龍体なので、とても大切な祭りになります。

御柱は、私たち自身にもあります。自分の中心軸をしっかりと持つことで、これからのユートピア活動がダイナミックに展開し、たしかなものになっていきます。

不動心の中心軸を持ちましょう！　そのためにもいつもごきげんでいることです。

ここで、シンプルなワークをしましょう！

ワーク⑩　いつもごきげんでいるために

「中今《なかいま》」とは神道の言葉で、「今ここ」を指しています。ハートのところが中今の位置になります。愛があふれ出る大切な場所です。ハートに両手を置いて、次の言葉を唱えながら、両手を広げます。

中今ごきげん
中今ごきげん
中今ごきげん

中今をごきげんにしておくことで、ハートから愛のピンク光線がピカーッとあふれ出て、それぞれのユートピア担当地区で、最適な活動ができるようになります。**中今をごきげんにしておくことで、龍とすぐに繋がることもできます。**

龍は大天使と並んで、見えない世界の大きな働き手の代表選手です。猫の手も借りたいところですが、龍の手も借りてユートピアへまっしぐらです。

龍たちも私たちを手助けしたくてたまらないのです。

新海誠監督の最新作アニメ映画『すずめの戸締まり』も大ヒットとなり、日本での大きな地震をあっちもこっちも回避することができました。

南海トラフに大きな地震は来ません。その代わり、細かい地震が多発します。小出

しにして解放しているのです。

『すずめの戸締まり』でも、祈りの力が発揮されています。それも祝詞という祈りの最強版です。

沖縄に新海監督が舞台挨拶に来てくれたとき、もちろん私も観に行きました。それは6回目の鑑賞のときでした。質問に当ててほしくて、前から3列目の左側に座りました。必死で手をあげましたが、残念ながら司会者の女性が当てる係だったので、ご縁がありませんでした。でも通路側だったので、新海監督が出入りするときに接近できて、オーラを近くで感じることができました。

新海監督が私の後ろを通ったとき、私がドイツでヒルデガルドというスピリチュアルなシスターだった過去生を思い出しました。新海監督には、そのときいつも一緒だった大親友の修道士フェルマールのエネルギーを感じました。

フェルマールは、ヒルデガルドが10年かけて書いた『スキヴィアス』（道ありき）という本をドイツ語からラテン語に訳してくれました。その本の最後に約1000年後に彗星が地球にぶつかって、地球が滅びると書いてありました。

その内容を知ったフェルマールは、約1000年後の今、彗星がぶつかる3年前の三葉《みつは》と3年後の瀧《たき》くんが意識の入れ違いによって大惨事を防ごうと協力し合い、人々が助かる『君の名は。』というアニメ映画を作ってくれました。

意識を変えることで、未来を変えることができたのです。

新海監督が沖縄での舞台挨拶で唱えてくださった祝詞が素晴らしかったです。会場に響き渡って、映画の中で宗像草太《むなかたそうた》が唱える祝詞の何十倍もの迫力でした。

新海監督の見事な祝詞を聞いた瞬間、私は「これで日本も、地球も大丈夫だ」と思えました。その祝詞は、こんな感じでした。

「かけましくもかしこき日不見《ひみず》の神よ、遠つ御祖《みおや》の産土《うぶすな》よ、久しく横領つかまつったこの山河、かしこみかしこみ、謹んでお返し申す」

この祝詞を聞いて、大きな地震を回避できただけでなく、私たち人類が破壊してしまった自然が復活する感じがして嬉しくなりました。

日本語には、このようにとてもパワフルな言霊があります。それは宇宙に轟いて、天地《あめつち》を動かすほどの力を持っています。

本当に私たちの意識変革やパワフルな祈りは、この世で大きな力を持っています。

日本人の私たちが目覚めて祈りはじめたら、あっという間に平和な世界に変わります。

祈りの力は、天波です。最強のエネルギーを放つことができます。

何もないように見える宇宙空間に、祈りの言霊が愛を込めて響き渡ると、その響きは全宇宙を駆け巡って、増幅しながら広がります。

そのエネルギーがある方向性を持って、それを実現できる、実現したい魂の響きと共鳴します。急に何か行動したくなったら、その響きと共鳴しているということです。

あなたがユートピア活動を発動するタイミングです。どうぞ、すぐに動き出してください。

『窓ぎわのトットちゃん』が世界を変える

大好きな黒柳徹子さんのご本『窓ぎわのトットちゃん』がやっと映画になりました。

それもアニメ映画です。40年以上もいろんな映画監督さんから実写化の依頼があったのにすべて断ってきたのですが、今回のアニメ映画は、八鍬《やくわ》新之助監督が2016年から企画を立ち上げ、2019年にイメージボードやプロットを徹子さんにお見せして1年かけてシナリオを作って、シナリオの完成とともに徹子さんからの快諾を得たそうです。このタイミングでアニメ映画ができて、本当によかったです。

徹子さんは70年間も芸能界で活躍しておられ、今は90歳です。もうそろそろ映画化したほうがいいと天も思われたのでしょう。

さっそく封切り初日、朝いちばんで観てきました。原作に忠実でかわいくて、**小学校1年生で退学になったトットちゃんを、優しく受け入れてくれたトモエ学園の小林校長先生が、何度も「君は本当はいい子なんだよ」と、トットちゃんに愛いっぱいに話しかけていました。**それが今の徹子さんを作りあげているのだとしみじみ感じとることができました。

そして、じわっと深く徹子さんの戦争反対の熱い思いを表現していて、とても感動しました。

『窓ぎわのトットちゃん』は日本でも大ベストセラーになって、世界35か国に訳され、2511万部も売れました。「もっとも多く発行された単一著者による自叙伝」としてギネス世界記録の認定も受けています。

ベストセラーになったことで、NHKの9時のニュースにまで出たそうです。トラックでどんどん本の山が運ばれていくのをニュースキャスターさんと眺めて「すごいですね〜」と徹子さんもびっくりされたとか。

ベストセラーになったおかげで、徹子さんの夢だった、ろうあ者だけの劇団を作れたそうです。

さらに国連難民高等弁務官の緒方貞子さんが、ユニセフの事務局長さんに英語版をお渡しして読んでもらって、これだけ子供のことがわかっていれば大丈夫だということで、徹子さんがユニセフの親善大使に選ばれてアフリカの国々を訪れる体験に繋がりました。

徹子さんは子供の頃足が悪くて入院したこともあって、本をたくさん読んでいました。

芸能界に入ってすぐに、本を書いてほしいと原稿用紙を渡されて困っていたときに、ラジオドラマ『ヤン坊ニン坊トン坊』を作ってくださった飯沢匡《ただす》先生に相談したら、**「作文を書いたらいいんだよ」**と教えていただき、「大好きな作文なら書けるわ」とさらさら書いてしまったそうです。

徹子さんはNHK放送劇団では個性があり過ぎるから個性を消しなさいと言われて困っていたときも、飯沢先生に**「君の個性は大事です。そのままでいいんですよ」**と言っていただいて、ずっと芸能界で生きてこられたそうです。

トモエ学園の小林校長先生も飯沢先生も、個性の強い徹子さんをそのままでいいと受け止めてくださったから、徹子さんは素晴らしい個性を伸ばすことができました。お2人ともトットちゃんにとっては、大切な運命の人です。

きっと今回のアニメ映画『窓ぎわのトットちゃん』も世界中のたくさんの人々に観てもらえると思います。

前著『目覚めのヒント』にも、創造のためのファッションの切り口で、徹子さんを紹介しました。

今回は、戦争を体験した徹子さんならではの平和への思いと個性の強い徹子さんを受け入れてくれたトモエ学園という素晴らしい教育についての切り口で、徹子さんの世界を紹介したいと思います。

トットちゃんを受け入れたトモエ学園は、リトミック教育というスイスのエミール・ジャック＝ダルクローズ博士による音楽教育から取り入れた自由な方法が中心になっています。音楽に合わせて身体を動かしたり、歌いながら踊ったり、まさにトットちゃんが大好きな教育方法です。

中古の電車が教室で、生徒1人ずつ違う授業をします。算数をする子、理科の実験をしている子、絵を描いている子など、子供がやりたいことをするのです。こんな魅力的な学校なら、窓ぎわで外を眺めなくてもいちばん前の席で夢中になれます。

大親友になった小児麻痺の男の子、山本泰明ちゃんを木に登らせてあげるシーンは、私も木登りが大好きなので、トットちゃんたちの気持ちがよくわかります。木登りを諦めていた泰明ちゃんが、トットちゃんのおかげで木に登れて感動するシーンは、達成感と世界が違って見える感動が相まって、世界が広がる感じがしました。

私も子供の頃から木登りが趣味で、大人になってからも木登りがやめられなくて、いろんな木に登ってきました。

特に沖縄に移住してからは、ガジュマルが大好きでよく登ってきました。ガジュマルの木と友だちで、木のほうから「啓子ちゃん、登ってきて。台風で浄化されて綺麗だからワンピースでも大丈夫よ」とお誘いがあるのです。

ガジュマルは、お釈迦様が瞑想していた菩提樹の仲間で、とてもスピリチュアルな木です。ガジュマルは、多次元宇宙と繋がりやすいのです。

個性を大切にする素晴らしい教育のあり方を、トットちゃんの貴重な体験を通して知ることができて、やはりアニメ映画の素晴らしいお役目を感じました。ぜひアニメ映画『窓ぎわのトットちゃん』を観てください。あなたの世界観に素敵な希望の光が差してきます。

これを書いているちょうど今、テレビ番組で徹子さんが、小林校長先生の感動的なエピソードを話しておられたので紹介します。

B29による東京空襲で、トモエ学園の校舎が焼けるのを見た小林校長先生は、息子さんに、「さぁ、次はどんな学校を作ろうかね～」とおっしゃったそうです。

私はそれを聞いて涙が止まりませんでした。なんて高潔で明るい未来を見つめる世界観をお持ちの魂さんかしらと、感謝と尊敬の思いがふつふつと湧いてきました。

このような教育者に私も教えていただきたいと、魂から深く思いました。

トットちゃんの気持ちは、私たちの気持ちです。

映画の中で、雨のシーンが7色に美しく描かれています。

トットちゃんも泰明ちゃんもお腹が空いてたまらないとき、雨の中でタップダンスを踊って空腹を紛らわせようとします。そのシーンが虹色で、まるでアルクトゥルス星を思わせます。

トットちゃんは、踊りや歌が大好きなので、金星人だったと思っていましたが、このシーンでアルクトゥルス星人だったときもあったかも、としみじみ思いました。私もアルクトゥルス星にいたことがあるので、とても親近感が湧きます。

アニメ映画の素敵なところは、自由にエネルギーを表現できるところです。こんなにかわいくて、ほのぼのしていて、愛があふれているアニメ映画のおかげで、世界はユートピアに変わっていきます。このアニメ映画はしっかりと人々の潜在意識に残って、これからじわじわと世界を大きく変えていく力を持っているからです。

陰陽統合のアニメ映画『ウィッシュ』で目覚める

同じ頃にディズニーのアニメ映画『ウィッシュ』を観ました。ディズニー100周年記念の映画です。

予想以上に素晴らしく感動的で、ハイライトでは涙があふれました。この世の闇の洗脳のしくみがよくわかる内容でした。

ディズニー王国は闇に詳しいと聞いていましたが、**どうやって人々がだまされて、どうやってそこから逃れられるかを教えてくれました。本当に陰陽統合です。**

あまりにもこの映画が酷評されていたのでちょっと引いていましたが、「人の意見より、自分で観ないとわからないよ」と、主人が私に真理を唱えてくれました。まったくその通りで劇場で観て本当によかったです。

映画のパンフレットには、「ディズニー100年の集大成、願いの力が起こす奇跡を描くミュージカル・ファンタジー」と書かれています。

どんな願いも叶うというロサス王国の人々が、願いを叶えてくれるマグニフィコ王に、自分のいちばん大切な願いを託すのですが、17歳の明るくて前向きな少女アーシャが王様のそばに行ったところ、本当は少しの人たちしか願いが叶わないことを知ってしまい、自分たちの願いを取り戻すというストーリーです。

願いを叶える力は、誰かパワフルな人に託すのではなくて、自分の中にあるというのが大切なテーマです。ユートピアのプロセスと同じです。

1人ではできなくても、みんなの力を合わせると絶大なパワーになって、それがみ

んなの大きな夢の実現に繋がっていくという素晴らしい世界観を表現しています。

ハンサムで素敵な王の性格がひどくなってしまうのですが、それは見てはいけない魔法の本を見てしまったからです。魔法も悪用すると身を滅ぼします。そのプロセスも見せてくれました。

マグニフィコ王様も、最初はいい王様でした。王妃が王を細長い鏡の中に閉じ込めて、消さないところがまた素敵です。いつかまた出してあげて、いい役を演じることができるような気がしてくる余韻が残りました。

ディズニー100周年の願いを込めた作品になっていました。

日本語版の舞台挨拶として、生田絵梨花さん、福山雅治さん、檀れいさん、山寺宏一さんたちのスピーチ動画を見て感動しました。

福山さんは、ご自分が演じたマグニフィコ王が最初からひどかったのではなく、誰でもなり得るということを言っていましたが、その通りだと思います。

悪魔のささやきに乗っかっていくと、誰でもとんでもない世界線に乗ってしまうのです。

主人公のアーシャはどこにでもいる普通の17歳の女の子です。アーシャが星に願いを祈ったことで、かわいい星、スターが降りてきます。そのスターが動物たちにしゃべる能力を授けます。このちょっとした魔法が素敵な展開を作ります。

すべての存在には、意識が宿っていて、話すことができるのです。

私もすべての存在と話しています。だからこのアニメ映画にとても共感できたのかもしれません。

いろんな動物たちが歌い出すシーンは、とっても楽しくて大好きです。まさにそのシーンは、今回の本に紹介するのにぴったりの映画だと心から思いました。

みんなでユートピアの願いを歌うことで、その世界を引き寄せることになります。ユートピアの歌をみんなで歌うのです。

本当に素晴らしい作品でした。ぜひ観てください。この本が出る頃には、劇場では観られないかもしれませんが、なんとか大画面で観られるようにしてみてください。

ディズニー100周年記念の作品が、『ウィッシュ』という素晴らしい目覚めのヒントになる作品になって嬉しいです。本当に陰陽統合そのものです。

生田絵梨花さんの歌がマッチしていて嬉しいです。アニメ映画を観てない人もユーチューブの動画で味わってみてください。

魔法を解禁しましょう

長崎と佐世保から2人の看護師さんがクリニックにいらして、過去生を解放してみたらおちゃめな魔法使いでした。日常生活でもしっかりと魔法を活用していました。最大の魔法は、仕事上、どうしてもコロナワクチンを打たなければいけないとき、打った瞬間に見事にデトックスしていたことです。

どうしても必要なときには、過去生の魔法という才能を現代に合わせて、活用していました。彼女たちにそのように解説を話したら、とても喜んで大いに納得していました。

同僚たちがワクチン後に不調を訴えても、魔法でデトックスができていると思い込むことで、何の支障も起きなくなります。これを表面意識が理解して、意識的に魔法を使うともっと効率よく日常生活を豊かにすることができます。

あなたにも魔法の才能がきっと眠っています。もしかしたら、すでに日常で使っているかもしれません。意識して、便利な魔法を活用しましょう！

それでは、ここで魔法を使うワークをします。

ワーク⑪　魔法を使おう！

次の言葉を唱えてみましょう。

私は、便利な魔法を日常で使います〜

これから魔法解禁にします〜

私は魔法使い〜、くるくるパ〜

いかがでしょうか？　これであなたも素敵な魔法使いです。安心して魔法を使って楽々な人生にしましょう！　最後のくるくるパ〜は、松果体を活性化する人気のワークなので、ここにも入れてみました。

ますます〝中今ごきげん〟の状態を保つことができるようになります。

「私はどんなことがあっても絶対守られているから大丈夫だ」と、そう思えばいいのです。

この世は思いでできているバーチャルな世界ですから、自分の思う通りに決めて安

心してしまいましょう！

あるとき、クリニックにまるで『眠れる森の美女』そのもののようなケースがありました。あまりにも面白い内容で、しかもご本人とお母さまがぜひ本に紹介してほしいとの要望があったので、ここでご披露したいと思います。

31歳の女性が、私の本のファンのお母様と一緒に来院されました。不思議な結婚と離婚を体験したというのです。

娘さんを過去生療法すると、なんと今生で離婚した元夫がイギリス時代にマレフィセントみたいな魔女だったのです。なかなか子供が授からないご夫婦（今生の両親）が魔女たち3人に子宝の祈りをお願いしたら、待望の娘ができて、誕生のお祝いパーティに呼ばれなかった1人の魔女から娘が将来結婚できないという魔法をかけられたのです。

まるで娘さんが大好きなアニメ映画『眠れる森の美女』のストーリーにそっくりでした。

しかも元夫の風貌がまるで魔法使いで、髪型もマレフィセントにそっくり、ファッションも黒に少し赤が混じった魔女風で、仕事は宝石商でした。結婚しても別居で娘さんは実家に住んでいて、夫婦生活もまったくなかったそうです。

魂さんのメッセージは、イギリス時代の魔法を解除するために再会して、結婚して1年たらずで離婚することで魔法解禁になっているとのことでした。しかも離婚して2週間後に幼馴染の青年からプロポーズされたというびっくりの展開でした。その青年も魔法使いから小人にされる魔法をかけられていたので、彼女の過去生療法のときに、一緒に魔法が解除されました。これからのさらなる変化が楽しみです。

元夫は前にも結婚していて、同じように魔法を解除するための結婚と離婚をしていたようです。

元夫の風貌がマレフィセントにそっくりだったので、セッションは大爆笑になりました。しかも、今生もやっとの思いでできた1人娘だというところもイギリス時代に似ていて、その続きをしてきました。

結婚できないような魔法をかけてしまった魔女が、その魔法を解除するために男性に生まれ変わって、形だけの結婚と離婚をするという不思議な人生のしくみにびっくりしました。きっと彼女のあとにも、同じような魔法解除の結婚と離婚を繰り返すのだと思います。

あまりにも面白いので、ここで紹介できて嬉しいです。あなたの周りにも、ウルトラマイナスの思い込みをずっと持っていて、まるで魔法をかけられたままの人がいませんか？　ピンときたら、ぜひあなたの魔法で解除してあげてください。ウルトラプラスの思い込みに入れ替える祈りをするだけで解除できます。もちろん本人にも伝えてあげてください。

魔法とは、思い込みの力です。

マイナスの思い込みの魔法で、松果体が封印されて活動停止になっています。それをほどくことで、松果体が一気に活性化して、自律神経のバランスがよくなります。心身ともに絶好調になります。隠れていた才能もどんどん開いて、自己肯定感がアップし、ますます魔法使いになっていきます。いわゆる超能力者になるのです。

魔法を使えると思いはじめるだけで、隠れた能力が開花します。

見えない世界がうっすらと見えるようになります。どんどん感じられるようになって、自分の世界観がぐんと広がってきます。

天使や龍と交流できるようになり、宇宙人やシャンバラ人ともお友だちになります。

人脈が広がって、人生がもっと面白く展開します。ホウキを使わなくても、瞬間移動が可能になります。テレパシックにいろんな存在と対話ができます。これは、とても面白いので書くことにしました。

人生を楽しむことが、私たちの共通した使命です。そう何度も私の本で伝えています。ちょうど原稿を書いている今、11月22日で「いい夫婦の日」の真夜中です。なんと魔女の時間なのだそうです。プレアデス星団、別名プレアデスシスターズが夜空でもっとも高い点に到達して、魔女たちがこれから1年の目標を設定する大切なときに重なっています。素晴らしいシンクロニシティです。

あなたもきっと、イギリス時代かフランス時代は魔女だったと思います。中には、魔法が大好きで、両方とも体験した方もいるかもしれません。

過去生で一度でも魔女を体験した人は、すぐに魔法を使えます。体験があるので、引き出しを開けやすいのです。

自分が虹と同じ7色を持った光の存在だと思ってみましょう！

虹の7色から好きな色を選んで、その色の光に包まれている自分をイメージします。

もし、虹を見かけたら、天がその調子でＯＫよ、あなたはもともと虹と同じ7色を持った光なのよ～と教えてくれていると思ってください。

友人のすすめで、気になっていたアニメ映画『火の鳥　エデンの花』を観ました。火の鳥は輝く虹色をしていて、名前の通り火のように燃えています。宇宙のあちこちを飛ぶことができます。火の鳥が究極の魔法の使い手と言ってもいいでしょう！

火の鳥に導かれて

火の鳥は、永遠の命を持ち7色に輝いていて、まるで私たちの魂の象徴です。

手塚治虫さんの漫画『火の鳥』は、宇宙にみなぎる生命エネルギーの塊で、人間から見ると燃える火の鳥に見えるのだと書かれていました。

私は火の鳥を生々しく退行催眠で見たことがあります。

まだ東京にいた頃、私は三鷹市の井の頭公園駅の近くで、クリニックを兼ねた自宅に住んでいました。退行催眠をおこなうヒプノティストの友人が、昼休みの30分間に退行催眠をしてくれました。

そのとき、すぐに戻った過去生がムー大陸の時代でした。

私は28歳の青年で、長老から「あとを頼む」と微かな声で最期の言葉を聞いたあと、虹色に燃える火の鳥が飛んできました。私は軽くなった長老の身体をそっと火の鳥に乗せて、宇宙に飛んでいくのを見送りました。

そのとき私はその鳥を鳳凰だと思いましたが、火の鳥と言えると思います。光り輝いていてまぶしくて、この世の鳥とは思えないほどパワフルで美しかったのです。

そのあと、紫のベールがかかる縦長の会場で、講演会をしている自分の姿を見て、今も同じような活動をしている、としみじみ感じました。

アニメ映画『火の鳥　エデンの花』には、あまり火の鳥と人間との交流が描かれていませんでしたが、宇宙人と地球人の混血のコムが健気に念力を使って、ひと目でも地球を見たいという地求人の女性ロミを岩船に乗せて地球に連れていく話です。壮大な宇宙の描写が素晴らしくて、久しぶりに意識がプレアデス星団にまで飛んでいきました。仲間たちから大歓迎を受けて、感動のエネルギーチャージをすることができました。

起きることにはすべて意味があるので、そのためにこのタイミングでこのアニメ映画を観たのだとしみじみ思いました。

プレアデスのパーティで、なんと谷村新司さんにお会いしました。やはり、昴＝プレアデスに戻っていたのです。地球では生前、お会いしたことがなかったのに、まさかプレアデスで会えるとはびっくりでした。しかも、『昴』を作ったことも、『昴』をずっと歌うことも大切な使命であったとおっしゃっていました。

そして、今書いている本にぜひ、『昴』は日本人が覚醒するための歌であることを紹介してほしいと熱くお願いされました。

１９８０年、引っ越しの最中に、いきなり「さらば昴よ〜」のフレーズが降りてきたそうです。それから**昴を調べたら牡牛座のことで、プレアデス星団が背中のこぶのところに輝く7つの星だとわかりました。**

日本でも平安時代から輝く7つの星のことを「すばる」と呼んでいました。中国では「昴《ぼう》」と呼ばれています。

２０１０年4月、上海万博の開会式で谷村さんが歌った『昴』は中国人の心にも響いて、深い感銘を与えました。当時の中国人のスーパースターが歌った歌には感動しなかったのに、なぜか谷村さんの『昴』には、泣いて感動したそうです。

その日から、中国で谷村さんのファンクラブが２００か所もできたり、ＣＤが大売れしたり、大ブームになりました。

私はコロナ禍の前に、アースクールを沖縄でおこなっていましたが、そのときに、星についての学びと地球を肌で感じるためのいろんなワークをしました。

プレアデス星団についての学びのとき、谷村さんの『昴』を解説して、さらばプレアデスよ〜と歌って、自分の故郷の星と使命を思い出すワークをしました
4分くらいの歌ですが、熱唱することで、意識がプレアデス星団にいたときのことを思い出して、一瞬で目覚めのスイッチが入ります。

歌手のお仕事もとても素晴らしいユートピア活動なのです。

きっと上海で『昴』を聞いた中国人の中にも、元プレアデス星人がたくさんいたかもしれません。いつもは寝ている間にプレアデスの母船に乗ってミーティングに参加していますが、火の鳥に導かれて、私は、故郷のプレアデス星団にまで飛んでしまいました。今回『火の鳥　エデンの花』のアニメ映画を観て、プレアデス星団にまで意識が戻ったことは、とても画期的で、びっくりしています。

あまりないことなので、戸惑いと、歓喜にふるえるのと、中今ウルトラごきげん状態を引き寄せてしまいました。

歌にしても、アニメ映画にしても、意識を変える力があります。

だからとんでもないことが起きるのです。全員には起きませんが、そうなる予定の魂にはドンと起きて、次のステージに向かいます。

実は、今回の地球のアセンションのために、元プレアデス星人だけでなく、元金星人も応援のために生まれています。

同じ太陽系で兄弟星と言われている金星も、以前は今の地球のように、都市型で、貨幣経済によるピラミッド構造でした。都市型から田舎暮らしへと人々の暮らしが変わって、貨幣経済によるピラミッド構造も壊れました。必要なものは無料で支給されて、仕事は週に3日という理想的な形に変化し、もっと人生を楽しめる生き方を、私たちよりも先に体験したのだと、元金星人のオムネク・オネクさんの本から知ることができました。

元金星人の特徴は、歌と踊りが大好きです。そして寝る習慣がないので、あまり寝ません。短い睡眠時間でもとても元気で活動できます。陽気で笑いが大好きです。すべてあてはまる人は、間違いなく元金星人です。もちろん、私も元金星人です。

元金星人は、ミュージカルが大好きです。次に伝えたい大切なことも、劇団四季のミュージカルから知ることになりました。

植民地のアジアを解放した大東亜戦争

それは、第2次世界大戦のことを描いた『南十字星』という劇団四季オリジナルのミュージカルでした。このミュージカルを観たことで、第2次世界大戦がアジアを侵略した戦争ではなく、むしろ真逆で、植民地解放のための聖戦、大東亜戦争だったことを知ることができました。

劇団四季の演出家、浅利慶太さんが命をはって作ったミュージカルです。オランダがインドネシアを350年間も植民地にしていたこと、日本は戦争が終わってからも1000人の日本兵がインドネシアに残り、まずオランダ兵を本国に帰してから、日本に帰ったことを知りました。

戦争の目的が、大東亜共栄圏の実現のためだったからです。

私たちは、戦後77年間、GHQによって、日本は第2次世界大戦でアジアを侵略したと学校で教えられてきました。それによって、自分の国がひどいことをしたという国レベルの巨大な罪悪感にずっと抑圧されてきました。

ところが、これは**300年続いた西欧によるアジアの植民地を自由に解放するための聖なる戦いだったことが、だんだんわかってきました。**

日本は、アジアが独立できるように西洋諸国の兵と戦って追い出し、戦後アジア全体が独立できました。日本は大きな役割を果たし、アジアの平和のために多大な貢献をしました。それなのに、アジアを植民地にしていた国々が、アジアを解放した日本の功労者を東京裁判で罰し、戦犯として処刑するという、とんでもない間違いを犯してしまいました。

唯一、インドのパール判事だけが、「日本はアジアの解放のために戦ったのです。全員無実です」と反論してくれました。

日本のおかげでインドは300年も続いたイギリスの植民地から独立できたのです。インドでは東條英機さんは神様のように尊敬されています。

アジアを再び自由に解放しようとする動きは大東亜共栄圏構想と呼ばれて、戦争がはじまる前に、アジアの代表が日本に集まり、大東亜共栄圏会議が開かれていました。当時日本の首相で、大東亜共栄圏構想を積極的に推し進めていたのが、東條英機さ

んです。

そんな素晴らしい大切なことを、私たちは学校でまったく教えてもらえませんでした。戦後77年たって、やっとGHQによる洗脳が解けるときを迎えています。

友人から勧められて読んでいる本があまりにも素晴らしくて、ぜひあなたにもお勧めしたいです。井上和彦著『日本が戦ってくれて感謝しています』（産経新聞出版）です。

この本をアマゾンから取り寄せて読んでいたとき、びっくりなことが起きました。**なんと8月15日の終戦記念日に、東條英機さんのエネルギーを持った女性が初診に来てくれました。**

それは、私にとってとても衝撃的な出来事でした。しかもこの本を書いているときに、あまりにもベストタイミングに引き寄せてしまいました。

結婚したいけれどなかなかできないという悩みで来院された、素敵な30代の女性で、花柄のワンピースを着て来院されました。

最初にヒーリングで出てきた過去生のイメージは、戦国時代の武将で、家康の右腕になる人でした。

彼女の魂さんから、「家康の家老でした」とメッセージが来たので、すぐにその場でスマートフォンで調べると愛知県岡崎市に生まれた「酒井忠次」と出てきました。

彼女も岡崎で生まれ育っています。自分は戦国時代に武将だったと思うと感じていたのでとても納得されました。

終戦記念日に初診を受けるということは、やはり戦争と関わっていたのかもと、お互いに思ってはいましたが、2番目に出てきた過去生のイメージが、陸軍大将の東條英機さんだったのです。

思わず私は敬礼して、**「アジアの解放のために命をかけて戦ってくださってありがとうございました。本来なら表彰されるべきであるのに、東京裁判にて不名誉な死を迎えられて、本当に申し訳ございません」**と、誰の代わりなのか、自然に言葉が出てしまいました。

彼女も自然に敬礼して、お互いに感動で泣き出しました。

2人ともこの敬礼に深い意味があって、たくさんの英霊たちが報われる大切なことだとしみじみ感じたのです。

「バンザイテラス」で、東條英機さんも一緒に3人で元気よく万歳をしました。感動のびっくりでした。

彼女もそれは、同じように感じたそうです。「すべてはうまくいっている」という宇宙の真理のエッセンスを唱えるカニ踊りもそのあと、東條英機さんも入れて3人でできました。

東條英機さんがカニ踊りをしているのは、感無量の光景でした。これで日本は大きく変わる、GHQの呪縛が解けて、私たち日本人が持たされた自虐的な母国観が訂正され、自国を心から誇りに思い、愛することができるようになります。

まさに、日本人の目覚めです。

私たちの母国日本は、アジアを侵略していませんでした。むしろ300年も続いた植民地だったアジアを解放して、命がけで独立できるようにしたのだと誇りに思っていいのです。

魂の奥深いところで、日本が自信と誇りを取り戻すときがやっと来たと、確信できました。

「明日から3日間、何も計画を立てていないのですが、沖縄でどのように過ごしたらいいでしょうか?」と彼女からとても丁寧な質問がきました。

「ぜひ、沖縄戦で亡くなられた慰霊碑の平和の礎に行かれて、お花と祈りを捧げてください。もし大丈夫なら、ひめゆり部隊の資料館もお願いします。2日目からは、パワースポットの最北端にある大石林山に行って、パワーアップしてください」と、私は答えました。

彼女はレンタカーを借りて、その通りに過ごしてくれました。

雨が降っていたのに、お花とお線香を捧げると、雨がパッとやんで太陽まで顔を出したそうです。そして、「あなたも幸せになってね」と言われた気がしたそうです。

それを聞いて、やはり天も味方してくれていると、しみじみ思いました。

同じ終戦記念日の最後にいらした再診の方も、東京裁判で処刑された東條英機さんの右腕だった人のイメージが出ました。沖縄に住む50代の女性です。

死にたいほど罪悪感がたくさんあると苦しんでいたので、アジアの解放のための聖なる戦いだったと解説しました。

海に向かって万歳三唱のとき、「やっと報われました」と、たくさんの日本兵が感謝の敬礼に来た様子が彼女も見えたそうです。

その日は、終戦記念日にふさわしく東條英機さんの過去生の解放から、彼の部下で戦犯とされた日本兵の方の大解放ができました。

彼女もそれから調べて、A級戦犯の陸軍中将・武藤章さんだったことがわかりました。彼女自身で写真を見たときに、彼が自分に似ていると思ったそうです。

実際はその逆ですが、コピーした写真を見せてもらったとき本当に雰囲気がそっくりだったので、その通りだと思いました。

それから、続々とクリニックに戦犯だった方が解放に来られました。

再診に53回も通っていた関西の女性の最後の卒業セッションに登場したのが、やはり戦犯の日本兵でした。職場でバッシングを受けてしまうという悩みがありました。

沖縄が大好きで、蘭を趣味で育てています。クリニックに通うのが生き甲斐のようになっていましたが、さすがに永遠に通うわけにはいかず、卒業を迎えました。

そのときに、まさかの大東亜戦争の英霊が登場するとはお互いに思ってもいませんでした。

「あなたは東京裁判で戦犯として罰せられてしまいましたが、本当はアジアを植民地から解放するために、命がけで戦ってくださったのです。ありがとうございました。

あなたの上司だった東條英機さんは、インドでは独立を可能にしてくれた恩人として、今では神様のように尊敬されています。その生まれ変わりの方も、この間、終戦記念日に初診で来てくださいました。感動的でした」

と解説しながら、自然に尊敬と感謝の敬礼をしました。

「え〜、そんな〜とんでもない〜」と彼女は言いながらも、自然にちゃんと敬礼してくれました。

「え〜東條英機さんは悪い人かと思っていました」

「学校でそのように私たちは教えられてきたので仕方ありません。再び日本がアメリカを攻めてこないように、GHQがアジア植民地の解放の戦争を侵略と教えて、戦前の教育をことごとくやめさせようとしたのです。でも77年たって、そうではなかったことを知る目覚めのときがきたのです。

B級戦犯は約5千700人もいます。その中で処刑されたのは、934人です。特定はできませんでしたが、なんとなく東北の方のように感じます。瞑想すると自然に自分で思い出せると思います。とにかく侵略ではなく、アジアの解放のためだと思い直して、ハートにたまっていた罪悪感を解放すれば、職場でのバッシングはなくなります。日常生活に関わってくるので、ぜひ瞑想してくださいね」

と瞑想の大切さも伝えました。

「実は青森に行ったときにとてもつらかったので、もしかしたら青森かもしれません。瞑想で思い出してみます。瞑想を習慣にするチャンスですね」

きっと、これからも同じような英霊の方々が解放のためにクリニックへ来てくださるでしょう。この本を読んでくださっているあなたも、もし自分は幸せになってはいけないと思ってしまうときは、不必要な罪悪感がハートを覆っているので、自分を許してあげてください。

これからは、魂の通訳の私に頼らず、自分で瞑想して魂さんと対話していく流れになります。

「〇〇な自分を許します」と思えばいいのです。声に出すと、さらに効き目があります。

過去生か今生の過去に、自分を責める思いがあると、罪悪感がハートを覆って波動を下げてしまいます。自著『波動の秘密』(徳間書店)にたくさん解説していますので、参考にしてみてください。

罪悪感がいちばん波動を下げてしまいます。だから自分を許すことで意識が大きく変わり、人生が好転していきます。ぜひ、試してみてください。

個人だけでなく、日本という国レベルで、日本を許して自信を持てるようになると、自然に国としてのパワーが明るく伸びやかります。もっと成長・発展しようというエネルギーがあふれてきます。

劇団四季のインドネシアの解放のプロセスを描いた異色のミュージカル『南十字星』のおかげで、それを観た日本人の洗脳が解けました。さすが浅利さんです。日本人の不必要な罪悪感を解放するミュージカル「昭和の歴史三部作」を作ってくださいました。私も劇場で観て、深く感動して洗脳が解けました。

「昭和の歴史三部作」とは、劇団四季が昭和の戦争の歴史を描いたオリジナル・ミュージカルで『李香蘭』『異国の丘』『南十字星』があります。『李香蘭』は満州の映画女優で大人気だった李香蘭が、終戦後の軍事法廷で、実は日本人の山口淑子だと告白して死刑を免れたというミュージカルです。『異国の丘』は、日本の名家の御曹司として育った男性と、中国の高官の令嬢の悲恋をもとに、彼がなぜシベリアで11年間も抑留されて亡くなったのかを描いた作品です。そして『南十字星』はもう一度DVDを取り寄せて観ることができました。

インドネシアの留学生リナと大学生の保科勲の恋物語は、戦争によって悲恋になります。夜空に輝く南十字星に永遠の愛を誓い歌います。

決して変わらぬ　二人の心

南十字星のもと誓おう

いつかは必ず　願いは叶うと　祈りこめて

大学生なのに、食料不足をオランダの捕虜たちに説明しているうちに名前を覚えられて、東京裁判にて絞首刑を言い渡された悲劇の若者の話です。インドネシアの踊りの華やかさと戦争による悲劇の明暗も描かれています。

インドネシアには伝説があって、白い悪魔に支配されたインドネシアは、北から来る黄色い勇士たちによって解放されますが、その勇士たちもトウモロコシが実る季節に去っていくという「ブンガワン・ソロ」という歌によって語り継がれています。白い悪魔とはオランダ兵で、黄色い勇士が日本兵です。

最近はこのミュージカルが公演されることはありませんが、運よく東京時代に観ることができました。40年後にこの本に書くことが決まっていて、珍しいミュージカルを観ることになっていたのかもしれません。まさか大好きなミュージカルから真実の歴史を知ることができる道筋に繋がっていくとは！　元金星人としてのエネルギーを最大に活用しています。

大東亜戦争は、ハワイの真珠湾攻撃からスタートしていますが、もともとハワイはアメリカ合衆国のものではなく、独立したハワイ王国で、かつてはムー大陸の大切な聖なる場所でした。あとからムーの蘇りのときにどうしても必要なので、あえてスタートをハワイにしています。

もうひとつ大切なムー大陸の聖地は沖縄・琉球です。アメリカはそれを知っていたのか、沖縄をちゃんとゲットしています。さすがです。そのとき琉球の宝物や王の肖像画をアメリカに持ち帰っています。あまり知られていない新しい情報かもしれませんが、神々の計画の大切な部分なのです。これは天之御中主神のおじいちゃんからの新しい情報です。

あと1か月、戦争が続いていたら、日本の大勝利だったとも言われています。それをあえて日本が負けたことにして、日本という国土を残して、今の地球がアセンションするための雛形と流れを保つことができました。

ハワイの真珠湾攻撃によってはじまり、広島と長崎で原爆という最終兵器を使って、終わるようなシナリオにしたのです。

私の直前の過去生は広島で7歳の男の子、下久保啓《しもくぼひろし》くんでした。爆心地近くで亡くなっています。5年間広島で、講演会とワーク、セミナーなどをやっている間に見つけました。啓子の啓という字が同じだったので、鳥肌でした。まるで命のリレーをやっているかのように感無量になりました。それまで啓子という名前がしっくりこなかったのですが、ちゃんと意味があって、前の人生の続きをしていることがわかると、続きの人生をしっかりしたいと思うようになりました。素晴らしい人生のシナリオです。

大好きな岡本太郎さんの大作『明日への神話』という巨大な壁画が、東京の渋谷駅の井の頭線の通路に飾られています。絵の真ん中の笑っている骸骨は、原爆にあっても歓喜の状態を表していて、左側に描かれた未来はとても明るくカラフルです。

講演会で、「私は広島の原爆で溶けて光に帰りましたが、そのおかげで平和への強い思いを、今回の人生のテーマにしています。ウランの原爆で溶けましたが、決して恨《うら》んでいません」とシュールなギャグを言って笑いを取っています。

あのとき、原爆で亡くなって6年後にまた地球の地上に、もう一度日本人として、しかも女性に生まれ変わってきました。精神科医になって、こうやって本を24年間書き続ける人生を体験しています。本当に感無量です。すべてが今の自分に繋がっています。

私たちの人生のしくみは、偉大なる光である魂さんが、前もって書いた人生のシナリオをもとに、体験したい体験を守護天使の応援を得て、次々とこなしてやり遂げていきます。前よりもいっそう輝いて、さらに素晴らしい光の世界へと帰っていくしくみになっています。

あまりにも身体がきついと、つい私たちは、「早くあの世に帰って楽になりたい〜」と言ってしまいますが、その通りなのです。

あの世の光の世界に帰れば、必ず楽になります。でも魂さんが決めた寿命までは、どうしてもこの世でいろいろ体験することになっています。もうしばらく、この世にいましょう！　私も次の辰年まではユートピア活動を続けます。

今の場所で、最高の環境で、やりたかったことを体験しているのです。

大いに人生を楽しみましょう！　それが私たちの共通した使命です。

地球の縮図、日本

もう一つ、日本の大切なことを伝えたいと思います。

日本は、地球の大陸の縮図になっているということです。

この宇宙は、すべてが相似象になっています。ミクロからマクロまで、似通った形の存在が相似（フラクタル）になっているのです。

北米は北海道と、オーストラリアは四国と、アフリカ大陸は九州とそっくりです。

では、本州はどこと似ていますか？　ユーラシア大陸と南米が重なっています。

まだ私が医学生の頃に知り合った星野安伸さんという面白い人がいます。米糠に酵素を培養して健康食品として販売していたのですが、日本と地球の大陸の相似象について独自に研究していて、**島や大陸の形だけでなく、川や山や湖までちゃんと相似象になっている**ことを調べていました。大学ノートに何十冊も書き記しているのを見せてもらったことがあります。

それは地道な研究でしたが、北米の五大湖と、北海道の五大湖が見事に一致していました。複雑な川のうねり方も、相似象にそっくりなことを地図帳で調べていました。湖や川の深さも相似象になっていました。

今頃になって、彼の研究のことを本に紹介できるようになりました。50年も前の話です。

彼はもう光に帰ってしまいましたが、魂の通訳として亡くなった人との交信は得意なので、テレパシックにここで呼んでみたいと思います。

「星野さん、お久しぶりです」

「啓子さん、びっくりしたなぁ、50年ぶりくらいだね」

「はい、その節は本当に米糠酵素でお世話になりました。おかげで副腎皮質ホルモンの薬の副作用がデトックスされて助かりました。実は、今日は酵素のことではなくて、星野さんが調べていた日本と地球の大きな大陸が相似象だということについて、お聞きしたいのです」

「え〜、それは実に嬉しい質問だね〜。あの研究のことは啓子さんの他にはあまり話してないからね〜。あの大学ノートを熱心に見てくれてとても嬉しかったよ〜。こんなことなら、君に預ければよかったなぁ〜」

「もっとじっくりとあのノートを見たかったです。とても大切にしていたから、お借りするのを遠慮しました。あのノートは、本にしなかったのですか？」

「本にはできなかったなぁ。自分でもまだ研究の途中だと思っていたからね〜。でもこうやって久しぶりに話せて嬉しいよ〜。この研究をもしかして啓子さんの本に紹介してもらえるの？」

「はい、もちろん、ぜひ紹介させてください。とても細やかに世界のいろんな地形が地球の大陸と見事に相似象になっていることを、本当によく調べていましたよね〜」

「特に湖の形、深さ、川のうねり方、深さなどまでが相似象になっていて、調べながら感動していたよ」

「今頃になりましたが、時代が星野さんの研究に追いついてきました。古代のカタカムナ相似象を学んでいるうちに、世界の相似象のしくみに行きつきました」

「それはいいね、啓子さんがカタカムナを語るときが来ると、きっと日本にも目覚めのスイッチが入ると思うよ、そんな気がする。そのためのこの本だと思うよ、頑張ってね」

と、とても嬉しいインタビューができました。まさかカタカムナについての話が星野さんから出るとは思ってもみませんでした。すべてのことが絶妙に繋がっています。

さらにびっくりなのが、日本の島々と沖縄・琉球の島々も相似象になっているのです。

北海道は、宮古島とそっくりです。

これは島の形だけでなく、北海道のアイヌの悲しい歴史と、宮古島の虐げられた人々の歴史、そして北米のネイティブアメリカンの悲しい歴史も相似しています。

2022年8月、久しぶりに北海道で過去生療法セミナーを行ったときに、珍しくアイヌの女性が参加されました。ヒーリングのデモンストレーションでは、アイヌ時代の解放ができて、とても感動的でした。自己紹介のときに、勇気を振り絞って、自分がアイヌであることをカミングアウトしてくれました。そのおかげでアイヌ時代の解放ができました。しかも、セミナーの参加者の中に、アイヌに関わっている人、具体的に活動している人が7人もいました。その7人が彼女を囲んで素晴らしい解放の中心的なエネルギーを出してくれました。そのことがさらに彼女のアイヌとしての自信を深めるきっかけになりました。

さらに、ネイティブアメリカンのファッションをした女性の解放をしたら、やはりその時代の解放になりました。白人によるネイティブアメリカンの部族の虐殺の解放でした。

北米では、たくさんのネイティブアメリカンの人々が白人に殺されました。これから、権力者と奴隷のゲームが終わって、ネイティブアメリカンの平等の社会がやっと展開していきます。

それぞれの魂さんの歴史を紐解いていくことで、いろんな時代の解放がベストタイミングに起きてきます。

これまで、愛と笑いの過去生療法の個人セッションで、その人の過去生の解放をしてきましたが、その体験をもとに、この本では、日本という国レベルの解放をして、日本として目覚めていきましょう！

東京から沖縄に移住してきたのも、**沖縄・琉球が地球のへそに当たる**からです。**沖縄・琉球をしっかりと最強の祈りの力で守れば、日本も地球も大丈夫**なのです。

相似象になっている地球のスピリチュアルな構造を知って、これからのユートピア活動に活用しましょう！　さぁ、いよいよです。とき来たり。あなたの出番です、あなたの祈りが地球をユートピアにします。

第3章

世界を変えたジャポニズム

世界と繋がっている日本の食事

日本人の波動の高さの秘密を探るために、日々の食事に注目してみましょう！

地球では、まだ食べる習慣があります。生きていくのに大切なエネルギー源です。

そして、**いろんな人々と一緒に食べることで仲よくなり、繋がりが深まります。**

日本は、地球で最後の生まれ変わりを体験する人が多いせいか、いろんな国の食べ物があります。

和食、イタリアン、フレンチ、スペイン、中華、韓国、インド、タイ、ベトナム……、いろんな国の料理を作っている日本人はとてもインターナショナルです。

そういう意味では、日本の偉大なる主婦は、インターナショナルなシェフです。

そして、和食がついにユネスコ無形文化遺産になりました。どんどん世界に和食ブームが広がっています。これは食事によるユートピア活動です。

パリでおにぎり屋さんが増え、お寿司屋さんは世界中に増えています。

和食は「和を食べる」と書くように、平和を自分の中に取り入れるものです。特に

ご飯（お米）はとても波動が高く、スピリチュアルな食べものです。稲のエネルギーを体内に取り入れると、波動調整ができます。

和朝食を見ると、基本的な和食がよくわかります。

ご飯、味噌汁、納豆、卵焼き、焼き魚、大根おろし、ほうれん草のお浸し、漬物などです。その中でも味噌汁、納豆、漬物など発酵食品が目立ちます。この発酵食品は浄化力が強く、波動も高めます。

広島や長崎で原爆症にならなかった人がいたのは、秋月辰一郎医師の提唱でわかめの味噌汁、塩が効いた玄米のおにぎり、漬物など発酵食品を摂取したおかげだったそうです。

次に波動の高い食べ物は、なんとお蕎麦です。

小麦やパン、麺は地球に馴染みやすくなります。地球に慣れるようになるのです。

あなたは、ご飯派ですか？　パン派ですか？

私は、ご飯派です。特におにぎりとお寿司が大好きで、ご飯を食べると心身ともに落ち着きます。

カレーは、もともとインドから来ていますが、かなり日本的です。カレーに合わせるものはご飯とナンの両方がありますが、日本はご飯と合わせてカレーライスにしました。日本人はインドのカレーとはまったく違う日本風にアレンジして、それを日本の代表的な食べものにしてしまいました。

日本人はアレンジするのが、本当に得意です。

日本人にとってカレーライスは、もはや日本食でありソウルフードです。キャンプでも作りますし、主婦が留守にするときに作るのもカレーライスです。大人も子供もカレーライスが大好きで、すっかり日本文化の一部になっています。

カレーライスで、日本とインドの文化が統合されています。お見事です。

このタイミングで日本が目覚めのときを迎えるために、インドのエネルギーがカレーライスを通してじわじわと日本人に浸み込んできました。仏教もカレーもインドからです。私は過去生で何度もインド時代があったのに、辛いカレーが苦手です。甘口のカレーを作っています。

それなのに、お寺ではカレーは出されずにお蕎麦や精進料理が出ます。仏教も日本化しました。お寺には和食が似合います。

インドのエネルギーが日本でどんどん目覚めてきています。

東京でおこなわれる過去生療法セミナーの会場のすぐ下の階に本格的なカレーのお店があります。インドの方が大きなナンをくるくる回しながら、上手に作って焼いてくれます。ぴったりのレストランです。

日本にはカレー屋さんが約4600軒あるそうです。魂さんが本格的にインド時代の解放をしたいときには、本格的なインド料理を求めて食べに行きます。

これからあなたも料理を作るとき、外食をするとき、**過去生の国の料理で潜在意識の解放ができると思うと、もっと楽しく面白くなってくる**と思います。

ラーメンも日本人が大好きな食べものです。これももとは中国ですが、カレーライスと同じように日本にしっかりと溶け込んで、もうソウルフードです。インスタントラーメンやカップヌードルにもなって、さらに幅広くなりました。

日本にはラーメン店が約2万4000件もあります。ご当地ラーメンが競い合って日本文化の一部になっています。私もときどき、むしょうにラーメンを食べたくなることがあります。

おいしくてありがたいと思って食べれば、身体にも心にもいい食べ物になるのです。日常生活を愛と感謝で丁寧に暮らしていれば、光に包まれて守られます。

たとえ食品添加物がてんこ盛りでも、そのおかげで腐らずに済んでいると感謝して食べると、感謝の光に包まれてデトックスされます。

意図的に食品添加物を意識して存在を追いかけてみたときに、肝臓の中で光に包まれ、そのまま排出されるプロセスを見ることができました。それに愛と感謝のエネルギーを加えたら、肝臓に行く前に光に包まれ、ついでに消化器まで浄化されて身体が喜んでいました。だから安心して、愛と感謝の生活をしましょう！

まったく**意識しないと、自分の世界の中に、食品添加物が存在しなくなります。**

どうしても気になる方は、自然食品のお店で安心できるものをゲットしてください。

日本は食品添加物が多いので、気になりはじめるとスーパーで買えるものがなくなってきますが、私たちには素晴らしい免疫力があります。デトックス能力があるから、大丈夫なのです。

人生一切無駄なし、心配ご無用です。

とは言っても、人類がいじりすぎた自然界を元に戻したいです。

ジャポニズムの旗頭、大谷翔平選手

アメリカでベーブ・ルースの再来と呼ばれて投手と打者で大活躍している大谷翔平選手は、日本人として誇りに思う素晴らしい魂です。彼はほとんど外食をせずに、身体によいと思われる食べ物を自炊しています。結婚してからは、奥様の愛あふれる手料理を食べることができて、さらに波動アップしています。

大谷選手は、ジャポニズムの旗頭と言っても過言ではありません。

ジャポニズムとは、19世紀後半に日本の美術や工芸がヨーロッパの芸術家たちに与えた影響のことです。

代表的な芸術は、浮世絵です。印象派の画家の多くに多大な影響を与えました。特にゴッホは有名です。

ゴッホのエネルギーを3％持っている私も、浮世絵の、特に北斎が大好きです。

北斎の「The Great Wave」は世界でいちばん有名な浮世絵ですが、とても斬新で魂に残る大作です。

大谷選手は、まさに野球界の「Great Wave」です。現代のジャポニズムのように、野球界で唯一無二の存在です。2023年度は、ホームラン王に輝いて、2回目のMVPを取りました。とうとう世界一の野球選手になってしまいました。

彼がアメリカで活躍しているのは、本当にベーブ・ルースの再来だと思います。奇跡的な記録がお2人とも見事にシンクロしているのです。いずれも725試合で176本塁打を達成しています。運命的な共通点です。さらにどちらも童顔でウインクが大好きです。

ベーブ・ルースが不良青年だったときに、野球を紹介した神父さんが、今の大谷選手の父親かもしれません。調べてみると、その神父さんは、マティアス・バウトラーといって、とても背が高くて俳優のようにハンサムでした。セント・メアリー少年工業高校という全寮制の矯正学校兼孤児院の教官でした。

どうにもならない不良青年のベーブ・ルースに、夢中になれる野球を教えて、彼が打ち込めるものを見つけてあげたのです。

ベーブ・ルースは、投手としても打者としても一流でした。普通は、どちらかを選ぶのですが、両方できる才能があるのは、とても素晴らしいことです。

大谷選手もエンゼルスに6年間いて、弱いチームだったからこそ、自由に二刀流ができました。そして見事にホームラン王になり、MVPも2回取りました。怪我はしましたが念願の最強チーム、ドジャースに移籍できました。これからの大活躍がとても楽しみです。怪我のおかげで、二刀流ではなく打者としてスタートできるのも素晴らしい流れです。天の采配かもしれません。

大谷選手は人間性の素晴らしさもあって、他のチームからの人気も絶大です。人が捨てた運を拾うと言って、ゴミを拾ってポケットに入れます。彼のおかげで汚かったベンチやグラウンドが綺麗になってきました。ゴミを拾っているだけの動画までアメリカで作られているほどです。

日本の文化が大谷選手を通じて、世界に広がっています。

遊ばないでストイックに野球に集中する姿にも感動します。

最高のピッチングをしたあとに、打者としてホームランを打つという体力も、他の野球選手たちにびっくりされています。これからその秘密が明かされていくのかもしれません。

とにかく桁違いの大きな魂の存在です。

日本の代表的な神様にたとえたら、ヤマトタケルノミコトのような、強靭さと賢さと優しさを持っておられます。大谷選手の内なる宇宙から、すでにアマテラスとスサノヲのパワーがあふれ出て、見事に統合されています。

これから加速度的にユートピアへの道が開かれていくときに、まさにお手本になるべく、このベストタイミングに登場しています。

いちばん印象に残っているのが、2023年3月にWBCで優勝した侍ジャパンの活躍です。日本人の魂を奮い立たせてくれて、日本人としての誇りと自信を取り戻してくれました。まさに日本を目覚めさせてくれた素晴らしい感動的な出来事でした。野球を知らない人も、野球が大好きになりました。

侍ジャパンという名前は、2012年からつけられましたが、まさに侍という名前がぴったりの武士道が貫かれた素晴らしいチームでした。

それを支える栗山英樹監督がとても紳士的で、選手たちを信じる力が最強でした。侍ジャパンの大活躍のおかげで、野球の素晴らしさ、楽しさが世界中に広がりました。そして、大谷選手が条件にぴったりの結婚ができたことで、ますます喜びのエネルギーが広がります。これからも日本代表として、ユートピアへの素晴らしい活躍を楽しみにしています。大谷選手の活躍を見て、私たちの内なる宇宙のスサノヲパワーが刺激を受けて行動を起こしたくなります。

いよいよスサノヲの時代が来る

童謡にとてもスピリチュアルな歌『かごめかごめ』があります。


「かごめ」とはかごの目のことで、六芒星を指します。

「カゴの中の鳥」とは、大切なときに飛び立つ素晴らしいエネルギーのことです。

「いついつ出やる～夜明けの晩」とは、今の時代のことです。

「鶴と亀とすべった」とは、天と地が繋がる統合のとき。まさに今の時代です。

「後ろの正面」とは、後ろに隠れていて表に出るべきもの、それはスサノヲなのです。

『古事記』には、スサノヲが天照大御神の弟の須佐之男命《すさのおのみこと》として、とても乱暴な男神に描かれています。古事記のお話では、毎年8人の娘を1人ずつ食べていた八岐大蛇《やまたのおろち》を須佐之男命が、8つの瓶にたっぷりの酒を用意させて、飲み干して寝てしまったところをいとも簡単に退治します。8人の娘の1人、櫛名田比売《くしなだひめ》を助けたら夫婦になりたいと約束した通りに2人は夫婦になりました。波動が清められたところが須賀と命名されました。そこに稲田宮《いなだのみや》を作ったときに、雲出る国、出雲に八雲が空いっぱいに広がったのを見て、須佐之男命は、こんな歌を詠んでいます。

八雲立つ　出雲八重垣　妻籠みに　八重垣作る　その八重垣を

なんとこれが日本ではじめての和歌となりました。

須佐之男命の愛する妻・櫛名田比売への愛の歌が、和歌のはじまりとは、とても素敵でロマンチックなエピソードです。文学的な才能もあるとは素敵なびっくりです。

そして、「八」が4つも入った歌は、そのまま出雲の八重垣神社に繋がりました。**八は「開く」という響きを持っていて、龍の数字でもあります。**開きながら広がっていくエネルギーです。

須佐之男命は、八岐大蛇の尻尾から出てきた草薙の剣を、姉の天照大御神に献上しました。

これで天照大御神と須佐之男命の和解が成立して、鏡と玉と剣の3つがそろい、高《たか》

天原《まがはら》で三種の神器が成立しました。

草薙の剣は、名古屋の熱田神宮に保管されていました。この剣はそれから大活躍して国譲り、天孫降臨、倭姫命《やまとひめのみこと》からヤマトタケルノミコトに渡され東征へと続きます。

八岐大蛇は、毎年氾濫する肥河《ひのかわ》（島根県にある斐伊川《ひいかわ》）のことではないかという説、さらに大和王朝に従わない製鉄の部族の象徴では、という説もあります。

須佐之男命のエネルギーは、とても素直で優しく、力強い頼りになる男性性のエネルギーを表していて、現実化のための行動を起こす力です。

私たちは全員、内なる宇宙にスサノヲパワーを持っています。

それがいよいよ発動するときが来たのです。

『かごめかごめ』が発動するときに日本が発動して、一気に地球がユートピア化すると言われてきました。そのときが今なのだと思うと、感無量です。

この本が世に出る**2024年は辰年で、最高にパワフルな干支の年です。まさにスサノヲパワーが炸裂するとき**です。

どうぞ、須佐之男命をまつっている神社をお参りしてください。自分の中の宇宙からスサノヲパワーがしっかりと引き出されます。

八岐大蛇は悪者扱いされながら、今で言えば、スサノヲがパワーアップするための悪役大スターだと説明できます。八岐大蛇を退治した須佐之男命は、勇気ある英雄です。

数年前、私は須佐之男命のエネルギーを降ろす女性を演じました。

1月11日の1時11分に、沖縄の目の神様ミーヌシンの拝み場所で、祈りの儀式を36人でしていました。2人の美しい舞姫が巫女舞を奉納していたとき、斜め左前方にある分厚い雲が割れて、天界からそれはすごい光が差してきました。

「スサノヲを舞え〜」と力強い言葉が響きました。天からのリクエストでした。

雲の割れ目から強い光の筋が降りてきて、スポットライトのように私を包みました。スサノヲのエネルギーを降ろす女性（私）がいると聞いて、祈りのメンバーに混ざって、今か今かとその瞬間をカメラに収めようとしていた30代後半のスピリチュアルな女性がいました。雲が割れて、光が差してきたときから彼女は写真を撮りはじめました。

私は思わずその光のほうに両手を広げて、聖なる45度の受け取りのポーズをしていました。

そのときの写真には、私の背中が強い虹色に輝いている様子が写っていました。

それからまた前に向き直って、「スサノヲの剣の舞」をやりたくてうずうずしていた私を写真に撮ったら、強烈な真っ白な光に少し薄緑色の光が私の左側にドーンと現れてきました。

とうとう私は我慢できずに、光の剣を右手に持って、「スサノヲの剣の舞」をはじめました。

舞姫お2人がまだ奉納舞をしているときに、その前で勝手に（というか天の命にしたがって）スサノヲの舞をはじめたのですから、みんなビックリポンです。私はかわいいピンクハウスの白いワンピースを着ていたのですが、男神のスサノヲの剣の舞をとても力強く舞うことができました。自然に身体が動いて、何かによって舞わされている感じがしました。2人の美しい女性のアマテラスの舞のエネルギーで愛あふれる場作りをしてくれたからこそ、「スサノヲの剣の舞」ができたのです。

女性性と男性性の神聖な舞が、男女の統合を生み出しました。

待ち構えていたスピリチュアルな女性が「スサノヲの剣の舞」を真剣にやっていた私の写真を撮ったら、燃えるようなカラフルな光の剣が映し出されました。

マゼンタピンクとオレンジに紫やグリーンが混ざった写真は、元気いっぱいの色合いでした。「スサノヲの剣」として、セミナーなどでその写真を披露しています。

このカラフルな美しい剣は、戦いのためではなく、平和のための「トキトコロを整える」つまり、ちゃんとするためであり、「スサノヲの剣の舞」を各自がはじめるときなのです。

いよいよハイライトの時代がはじまりました。

スサノヲのパワーが私たちの大きな夢実現、日本を、地球をユートピアへと導いてくれます。

2024年の1月6日、私はスサノヲの絵を描きました。ちょうどその日の16時からのユーチューブ配信で披露できて、スサノヲの時代が来たことを熱く語りました。

その絵は、私の宇宙のスサノヲエネルギーなので、髪の毛をマゼンタピンクで描きました。目は水色です。啓子スサノヲの絵です。とても凛々しくてハンサムに描けました。あなたも、あなたの中の宇宙のスサノヲの絵を描いてみてください。

自分の宇宙からスサノヲパワーを引き出すと行動が楽にできるようになります。

新しい日本・国作りの流れ

スサノヲが登場したら、本当に私たち日本人が目覚めて、新しい日本・国作りの流れが自然にはじまります。

八岐大蛇を退治したあとは、これまで地球で2000年間続いた権力者チームの鬼退治が終わり、新しい日本の国作りです。

2000年間続いたピラミッド構造の世界をやめて、みんな平等でそれぞれの個性を尊重していく新しい平らかな世界を、楽しみながらちゃんと作っていきましょう！

『古事記』では、国作りのリレーはスサノヲから大国主命《おおくにぬしのみこと》へとバトンが渡されます。

出雲大社にある大国主命の像は、聖なる45度に両手を広げ、天から何かを受け取っている姿に見えます。

私たちの内なる宇宙の大国主命がいよいよ天の命を受け取って、新しい日本・国作りがはじまるのではないでしょうか。

大東亜戦争のあと、ＧＨＱの様々な作戦によって、私たちは日本人は自分の国の大切な神話まですっかり忘れてしまっています。

今まで権力者チームにいた人々は、波動の重さで暗い世界に沈んでいきます。でもそれが心地よいと本人たちは感じているのですから、何の問題もありません。

自分たちが心地よい世界に住み続けるだけです。心配ご無用です。

ただ、ずっと私たちを支配して喜んでいた権力者チームは、支配する相手が少なくなったと感じるだけです。支配されたい人々もいるので、その人たちがそのまま残り、そのゲームは続けられていきます。参加者がいればゲームは成り立つからです。

これまで支配されてきた人でも、目覚めることで、もっと楽な自立できる面白い世界に移行します。

ここで、過去生療法セミナーの瞑想中に生み出された、素晴らしいシンプルで笑えるフレーズを紹介します。ラクダの商人の過去生を持つ女性から、メッセージとして届いたのです。素晴らしいので、ぜひワークに取り入れたいと思います。

ワーク⑫　笑いながらすべてが楽になる

次のフレーズを唱えながら両手をひらひらと動かしてください。

すべてはラクダ〜
すべては楽だ〜
すべては楽だ〜
すべては光だ〜。キラキラ

光の世界は5次元世界ですが、波動が心地よいのでとっても楽々です。毎日がパラダイスの世界です。それじゃつまらないという人は、どうぞ「権力者と奴隷のゲーム」に戻ってください。そちらを選ぶのも自由なのです。

本当に「お好きなように〜」という世界で、すべては予定通りです。

この世をゲームととらえたり、地球大劇場でのお芝居ととらえたり、また別の視点でもいいので、自分の思いでどうにでもなることを知ってください。大切なことを決め直してみてください。びっくりな流れで、思うように好転します。

ゲームととらえると、ゲーム好きな人は理解しやすいかもしれません。

映画やドラマにはまっている人には、参加型のお芝居と思えばすごく理解しやすいと思います。セリフや展開の参考になるので、ドラマの見方も変わってくるかもしれません。ドラマの展開が恋愛や仕事、家族関係など自分の人生に直接関わってくるので、何気なく見ていたドラマから影響を受けるのです。「かわいくてもふられることがある」とか「男女の友情はあり得る」など、素敵な思い込みが自然に入ってきます。

つまり、いいドラマは、この世の世界を生きやすく変えていきます。ドラマや映画などたくさんの人々が楽しんで見るものは、意識を変えるので、とても影響力があります。

もちろん、本も漫画も同じです。意識を変えるものは、大きな影響を与えるので、世界を変えるツールとしては素晴らしいのです。

この本もたくさんの人々の意識を変えて、タイトルの通りに日本の目覚めに影響を与えることができると嬉しいです。

エネルギー変換を司るミトコンドリアの増やし方

行動を起こすときに必要なスサノヲパワーを引き出し、パワーアップする技を伝授しましょう。これは、痛みを伴う私の体験からにじみ出た必殺技です。

私たちの各細胞のエネルギー変換を司るミトコンドリアを増やす方法です。

どのようにして、その方法を見つけたかを紹介します。

美容室でパーマをかけたときのことです。いつものように美容師さんを笑わせていたら、美容師さんがうっかり皮膚を保護するクリームを私の額に塗り忘れてしまいました。そういうときに限って、タラ～とパーマ液が垂れてきて額に激痛が走り、「熱い～痛い～穴ほげる～」と叫んでしまいました。

そのとき、美容師さんが心配しないようにとっさの思いつきで「これで第4の目が開いた～」と言ったのです。いつも私の本を愛読してくれている美容師さんは、「啓子先生、第3の目は知っているけど、第4の目もあるんですか?」とびっくりしていました。

ということで、しばらく額に赤い斑点ができてしまいましたが、第4の目が開いたことになりました。

その話を内科医の友人に話すと、「きっとその近くに大切なツボがあるはずよ～」と教えてくれて、探したら本当にありました。

神庭《しんてい》という大事なツボで、生え際より少し上にあります。

押したとたんに、ガンとパワーアップしました。その瞬間に宇宙図書館館長のミコスさんがニコニコしながら現れ、「神庭のツボを見つけるなんて、さすがですね～ミトコンドリアが増えるツボですよ。みなさんに教えてあげてください。これからとても大切だから。啓子はミトコンドリアが大好きだから引き寄せましたね」と教えてくれました。

この神庭というツボを押すと、全身の細胞のミトコンドリアが増えてパワーアップします。しかも第4の目に近いので、波動アップも同時に起きてきます。

ミトコンドリアは、どうしてもスサノヲパワーと繫がっている気がします。これは直感です。第4の目が開いて、ミトコンドリアが増える神庭というツボを見つけたのも、偶然ではない気がします。

私たちの各細胞にはミトコンドリアがありますが、その働きは、酸素を使って糖や脂質をエネルギーに変換することです。ミトコンドリアは、代謝の要です。

食べ物の中ではイワシ、ハマチの刺身、豚肉、牛肉、卵、オリーブオイル、ブロッコリーなどに含まれています。

運動でミトコンドリアを増やすには、ウォーキングやマラソン、ジョギングなど有酸素運動をするのがいちばんです。

ミトコンドリアが多い場所は、背中と太ももの筋肉です。

ミトコンドリアが不足すると、けいれんや脳卒中を引き起こす恐れがある他、ものが見えにくい、疲れやすい、運動ができないなどの筋力低下、また糖尿病や貧血などにかかりやすくなったりします。

加齢とともに減っていきますが、過食や運動不足もミトコンドリアを減らします。

今、私自身もミトコンドリアが必要だとしみじみ感じて、さっそく神庭のツボを軽くタップしてみたら、あくびがたくさん出てきました。解放されてとても楽になりました。

ワーク⑬　エネルギーアップして心身を解放する

おでこの真ん中の生え際から少し上のところにある神庭のツボを、軽く押すかタップしてみましょう！

「ミトコンドリアを増やす〜」と唱えながらおこなうと、言霊との相乗効果が得られます。

神庭から下に少しずつ移動させながら指で押していくと、第4の目と第3の目に心地よい振動を与えられるので活性化できます。

このツボは脳に直結しているので、脳梗塞やアルツハイマー型認知症などを予防できると思います。ついでに頭頂部のツボ、百会《ひゃくえ》も押してマッサージすると、さらに脳の病気を予防できます。

私も最近、背中と両方の太ももが痛くなっているので、ミトコンドリアが減っている症状かもしれません。ちょうどいいときに書いていて、気づいて本当によかったです。

私と同じようにライトワーカー（光の仕事人）をしている人は、特にミトコンドリアを増やすことが必要です。いくら睡眠を取っても疲れが取れないときは、きっと寝ている間に必要な次元にワープして、迷っている霊たちが光に戻れるようにお手伝いをしていると思います。

目覚めのために働く人たち

ここで、ライトワーカー（光の仕事人）についての解説もしていきましょう！

自分がライトワーカーだと知ることで、目覚めが早くなり、日本の働きをさらに深めていくことができます。

日本の幽界のお掃除をすることで、日本の働きがさらにクリアになってくるからです。

私は代表作『人生のしくみ』（徳間書店）で、光の仕事というスピリチュアルな仕事についてはじめて書きました。英語ではライトワーカーという素敵な名前が使われていました。

そのまま訳すと「光の仕事人」になりますが、私は、ドラマの『必殺仕事人』を発想しました。英語で表現している場合は、スピリチュアルなリーダーとしての働きを意味しています。

症状や病気でライトワーカーをやっている場合は、軽い耳鳴り、不眠、うつ、統合失調症などの症状や病気を体験して、自分の波動を下げて、迷っている霊ちゃんからこちらの姿が見えるようにしてあげます。まるで窓が開くように、そこから内なる光が漏れ出て、その光でちゃんと光に帰してあげることができます。私のように、昼間ヒーラーをやりながら、寝ている間に必要な世界に出かけていって、光を届ける役目をする健気なライトワーカーもいます。

ヒーラーのような癒しを担当している魂さんの中にも、私と同じようにライトワーカーを兼任している人は、かなりいると思います。

最近はタクシーの運転手不足のように、ライトワーカー不足で駆り出されることが多いです。肩や背中が痛くなったり、腰が痛くなったり、あちこちの痛みや違和感が残る場合は、きっとあなたも駆り出されて、ライトワーカーをしています。地球のアセンションのためにありがとうございます。もうしばらくの辛抱なので、精進を続けてください。徳を積むことになって、亡くなったあとにそれは素晴らしい光の世界に帰れますから楽しみにしていてください。

たった1人目が覚めると、1000人が助かるそうです。

この本を読んでくださっているあなたが目覚めることで、なんと1000人が助かるのですから、それは大きな影響力です。びっくりですね。目覚めたくなってきたでしょう?

たまに、いろんな人が関わって、大きく解放することもあります。

2023年12月9日に東京で講演会をしたとき、びっくりな体験をしました。

講演の前におこなった「太陽ワーク」を楽しく終えて、ほっとしていたときのことです。控室に知らない女性がすっと入ってきて、私に茶封筒の手紙を渡しながら、「統合失調症がなかなか治らないのです」と、ちょっと怒ったように私に言いました。その言い方に私が怖くなった瞬間、ガツンと大きな衝撃を感じました。そしてたくさんの霊ちゃんたちがラグビーのタックルを組むように、私を囲みました。私はまったく動けなくなってしまいました。

そろそろ講演会のための衣装に着替えなくてはなりません。その日はアマテラスに変身する予定でした。

でもたくさんの霊たちにがっちりスクラムを組まれて身動きがとれず、困っていたら、クリスタルワンド作りの名人のスタッフがヒーリングしてくれました。さらにライトワーカーでヒーラーの友人2人にも遠隔ヒーリングをお願いしました。

司会者のパーカーさんが、とにかく波動を上げなくてはと、参加者のみなさんを促してトホカミヱヒタメの祝詞歌を歌ってくれました。さらに手作りのクリスタルワンド2本を十字にすると、強烈な光のビームが放たれ、スクラムの岩をビリビリとカチ割りはじめました。まるでイギリス時代のエクソシストのような十字架の使い方でした。私はガクンと動けるようになって、やっとアマテラスの衣装に着替えることができました。

パーカーさんが、アマテラスのマントラを唱えましょう、と促してくれたので、みなさんがマントラを唱える中をアマテラスとなって登場した私は、まさに神話の岩戸開きそのものでした。

クリスタルワンドがなくても、両手でクロスを作り、ウルトラマンの「シュワッチ」というポーズをするとパワーが出ます。ぜひお使いくださいませ。

いよいよ2024年からのユートピア化という、私たちの大きな夢実現に、楽に行動を起こせるスサノヲパワーが使えるようになるのです。

これからスサノヲパワーが役に立つのかもと思っていたところ、2024年元日の16時10分、震度7の能登半島地震の減弱の祈りに役立つことになるとはびっくりでした。

この地震はある地震に似ていると、私は直感で思いました。
それが2018年6月18日7時58分にあった高槻の大阪府北部地震（震度6弱、震源の深さ13キロ）です。能登半島地震も震源地が16キロと浅く、私は人工地震だと思ったのです。

自然の地震の場合は必要があって起きているので、祈りは届きませんが、人工地震には、祈りが確実に効きます。

人工地震は人の破壊的な意図によるので、祈りがとてもよく効くのです。能登半島地震のときも、夜11時の揺れが震度7と発表されましたが、すぐに震度3に訂正されました。震度7は予定の揺れだったのだと思います。

みんなの祈りで7から3にまで大幅に減弱されました。とても嬉しいです。

高槻の地震のとき、私はまさに高槻のホテルで朝ごはん中でした。いきなりドンと縦に大きく揺れたので、私はすぐにスサノヲパワーを引き出して仁王立ちになり、「お鎮まり〜」と唱えたら、本当に鎮まりました。天意と一致した感じがして、しっかりと手ごたえを感じました。

今回の能登半島地震でもフェイスブックで祈りのお誘いをアップすると、すぐに反応があって、たくさんの人たちとしっかりと祈ることができました。

そして1月4日、新年会のあとに行った糸満の平和祈念堂でも、しっかり祈ることができました。人もおらず、たくさんある椅子も片づけられていた空間で、私はアマテラスのマントラを2番まで歌いました。人払いと椅子払いされたところに、たくさんの天使やいろんな龍が集まってきて、見えない世界の応援団の結成式のようでした。

これからますます、見えない世界の龍や天使の応援が活発になります。

特に2024年は辰年なので、龍が喜んで大活躍するのです。

龍を呼ぶときは、「ヒュ〜、龍〜」と声かけしてください。そのときに必要な龍がビュ〜ンと飛んできて応援してくれます。

金龍と銀龍が、自分たちの活躍のときが来たととても喜んでいます。そして、プラチナ龍がいよいよ表に出てきます。まるでスサノヲのように、活躍のときを待っていました。

私たちのエネルギーの中からも、プラチナのような存在が表に出てきて、最高の自分を体感できるようになります。たくさんの過去生を体験してきた自分の魂の中で、自分軸であるウルトラキラキラの自分です。根源の自分と繋がると光があふれて輝くのです。

どんなに自分がいたらないと思っていても、自分の中からあふれ出る輝きに感動して、自分の素晴らしさを信じるしかなくなるのです。

まさに悟りの境地です。そのあとに祈りをはじめると、そのパワーは宇宙の隅々まで到達して、自らを抱くように自己愛が高まります。

自分の中の宇宙を大切に育むようにハグすることができて、究極の根源の光に飛び込むことができます。

それぞれの時代と争いの意味

個人レベルの自分軸ではなく、日本という国レベルの軸がしっかりしていると、不動心となり他国に侵略されずに生き残れます。

アジアの中で日本がスペインの植民地にならずにすんだのは、本当に奇跡的でした。

それは、日本人の物作りの技術力と教養レベルの高さにあると思います。

たとえば、ポルトガルから種子島に鉄砲は伝来しましたが、2挺で1億円という高いお金を日本は払いました。それを日本の職人が分解し、まったく同じものを作りました。さらに改良を重ねて、ヨーロッパのものより素晴らしい鉄砲を作ったのです。**それも戦国時代にヨーロッパ全部よりも多い50万挺も作ってしまいました。**

ポルトガルが再び日本に鉄砲を売りに来たときには、ずっと進化した鉄砲がたくさんあってポルトガル人もびっくり！　まったく売れませんでした。

あっという間にスペインより日本は、鉄砲を多く持ってしまったのです。

日本は古来、好奇心が旺盛で、観察して真似て、さらに改良していいものを作るという特性があります。この日本人の好奇心とものの作りの才能は、世界でもずば抜けています。

スペインは日本にザビエルを送り込んで、キリスト教を布教してから信者に反乱を起こさせ、そこに兵士を送り込んで植民地化するつもりでした。しかし、日本の農民の教養レベルが高かったため、一神教のキリスト教の盲点をついたのでした。「あなたの信じる「ゼウスを信じない者は地獄に落ちる」という無慈悲さについて、神は愛が少なすぎる〜」と論破され、たじたじで本国に帰りました。

さらには、若い宣教師がキリスト教をやめて農民になってしまうほど、日本の素晴らしさを身に染みて感じたのです。

さらに豊臣秀吉の巧みなインタビューによって、宣教師はスペインが日本をいかにして植民地にしようとしているのか、その策略をすべて話してしまいました。それを聞いた秀吉は、バテレン追放令を出して、キリスト教を弾圧しました。

さらに秀吉が明を攻めることで、日本人の戦力を誇示すると、それを見たスペインはびっくりして、日本を植民地にすることを諦めたのです。

ザビエルは、キリスト教の布教だけでなく、日本人を奴隷にして売ることもしていました。**それを秀吉が52万人の奴隷を買い戻し、くい止めたという素晴らしいエピソードも見つかりました。**

秀吉、あっぱれじゃ〜！　この話はほとんど知られていない秀吉の功績です。

秀吉が女好きだというところは残念ではあるのですが、私も過去生で男性のときに女性に弱くていろいろ問題を起こしたので、秀吉の気持ちがとてもよくわかります。

私はいまだに美しい女性に弱いです。そしてイケメンにも（笑）。

また、日本でいちばん人気が高い武将といえば織田信長で、一般的に怖い人と思われています。けれども実際は略奪を禁止していたので、信長の監視下にある土地はとても治安がよかったそうです。

彼らに共通する世界観は、日本全体のことを考えている点です。すでに世界地図を熟知しており、世界のいろんな国との往復書簡も見つかっています。徳川家康の場合、105通も残っているのですが、そういうことは学校では教えてもらっていません。

ザビエルが「日本は、宣教師の墓場だ」と言ったほど、宣教師たちが太刀打ちできないくらい精神性が高い国だったのです。

宇宙人からの情報で、信長と秀吉と家康が日本のために結束を組んで戦略をしていた、ということが本に書かれていました。

本能寺の変でも、信長の遺体が残っていないのは、長野に逃れて黒幕になったからだそうです。さらに明智光秀も殺されていません。戦略家の天海という和尚になって日本統一に向けて画策したと書かれていました。

もしそれが本当ならば、いろんな戦いは命がけの軍事訓練のようなものです。

日本がスペインの植民地にならないように、必死に戦ってきたのです。

日本を守るために日本の内戦を進め、軍事力を高めていたのかもしれません。

とにかく、あの微妙な時代になんとか植民地にならずにすんだのは、日本にとってとても大事なことでした。

私はなぜ日本に戦国時代があったのかしらと不思議に思っていましたが、今頃になってその大きな意味が理解できました。人生一切無駄無しですね。

信長、秀吉、家康というこの戦国武士トリオは、まるでオリオンの三ツ星のように、仲よくそれぞれの個性を生かして大切なプロジェクトを構築する役目を持っています。きっとオリオン大戦でも活躍した宇宙戦士だったのではないかと妄想しています。

オリオン星座は、権力者と奴隷のゲームを楽しむ星でした。その戦いに飽きて地球に愛を求めて、大きな宇宙戦艦で移住してきました。

詳しくは、自著『自分リセット！　無限のゼロ・パワー』（青春出版社）に書いたので、『スター・ウォーズ』が大好きな人はぜひ読んでみてください。

『日月神示』が伝えていること

昔から気になっていた予言書『日月神示《ひつきしんじ》』の登場です。予言が苦手な私もこの本だけは無視できず、ここで取り上げることになってしまいました。私の守護天使の桜ちゃんは、執筆に必要な動画をユーチューブにアップしてくれますが、このタイミングに見ることになってしまいました。

「TOLAND VLOG」の「日月神示　すべての日本人は救世主だった」をぜひ見てください。わかりやすくまとまっています。

これまでの日本の流れが、ちゃんと『日月神示』に書かれています。

そして、子の年（2020年）を中心に前後10年が正念場だと書かれています。まさにコロナ禍がはじまった年が大変革のときだったわけです。

2024年から本格的にその流れがはじまるのです。

私たちの集合意識がそれを選択したのですから、多少のずれはあるにしても大まかな計画は実行されることになっています。

私たちはみんな、寿命を選んできています。どのように光に帰っていくのかも生まれる前に決めてきています。プロセスは多少の変更は可能だと思います。もっと面白い、もっと楽しい内容があったら、そちらに変えることができます。

いろんなソウルメイトに出会って、いろんな時代をともに解放しながら、少しでも楽しいことがあったらそれを味わいながら、ユートピアへと進みます。

『日月神示』の中に、自分を磨くことが大切だと、何度も出てきます。

そのためには、まず自分を大切に、まず自分を愛してあげることが大事なのだそうです。

人のために尽くしなさいと言ってくるかと思ったら、自分が先なのです。自己犠牲の愛では小さくまとまってしまいます。自分が愛され、喜びにあふれてから他の人に愛の言動を実行することが大事なのです。

亡くなった母からもいつも言われていました。

「自分を後回しにする自己犠牲の愛は長続きしないわよ。ずっと続けていけるのは、自分を満たしているかどうかなの。まず自分を幸せにしなさい。それから周りの大切な人々にも分けてあげなさい」

そう言われて、高校生時代に大議論になりました。

私は、「自分よりも他の人を優先して生きていきたい」と主張しました。ちょうど泊まりに来ていた親友も、母と同じ意見でした。私は孤立して寂しくなりました。神様は絶対に他の人を優先しなさいとおっしゃるはずだと強く思いました。

でも実際に実行してみると、母の言った通りでした。他人を優先すると自分の気持ちが折れて、長続きしませんでした。

理論で戦っても納得できませんでしたが、実際にやってみて自分が信じてきたことが難しいと体感できると、さすがに納得します。ずっと信じてやってきたことが、ががたと壊れてしまいました。

それから我慢することを少しずつやめることにしました。本音で生きていくことに決め直したのです。この破壊と再生は、今回の人生でとても大きな転換期でした。

それから、心のおもむくままに生きてきました。

他の人が見えないことが見えている自分を隠さず、表現するようになりました。

周りから見ると、いい子だった私が急にわがままになったと、びっくりされました。まるで性格が悪くなったかのように思われたのです。

犬タイプから猫タイプに変わったのです。自分としても大きな変化でした。

そのうち、本音で生きることがだんだんと心地よくなってきました。ありのままの自分を認めて、自然な気持ちのままに生きていくのは、本当に楽で楽しいです。

『日月神示』は、怖いことは何も書いていません。自然に起きてくるダイナミックな流れを表現しているだけです。**それぞれ行きたい方向に行くだけなのです。**

もともと私たちは、もれなく全員、光の世界からちょっと暗めのこの地球に、波動を落として降りてきました。これを次元下降（ディセンション）といいます。

ずっと地球劇場でいろんな舞台を演じながら、面白い体験をたくさんしてきました。

地球劇場が、2万6000年周期のでんぐり返しを、今はじめようとしています。

今回で7回目です。

これまでは、文明を全部壊してリセットしてきましたが、今回は残そうとしています。だからすごいのです。

このとき、あの世の光の世界に帰ることにしている人は多いのですが、あの世に帰っても、地球のでんぐり返しを見ることができます。

あの世に帰る人は、それを2階席で見るような感じだとすると、地球劇場に残る人

は、アリーナ席で見るようなものです。なかなかの冒険家でチャレンジャーです。

あの世でも、この大きな変動は話題になっています。最近では、あの世でおこなわれている生まれ変わる人々のためのオリエンテーションも、どんどん人数が減っています。この非常時ですから、**相当な覚悟のある魂しか生まれ変わってこないのです。**

胎内記憶の絵本作家、のぶみさんも、子供たちから同じことを聞いています。「神様から今は生まれないほうがいいよ、と言われているから、生まれる子が少ない」そうです。

それでも、これからの大きな変革のプロセスで活躍する使命を持った魂は生まれてきています。私の母も亡くなるときには「もう生まれ変わりたくない、宇宙に漂っていたい」と言っていましたが、それにも飽きて、また甥の長男として生まれ変わってきました。過去生で男性のときに、エジプト時代のファラオだったので、そのエネルギーを使って今回の人生は、リーダーシップを取るそうです。

もう1人、読谷に住んでいるカップルは、生まれてくる赤ちゃんの魂から依頼されて結婚しました。生まれてきた赤ちゃんも男の子で、エジプト時代のファラオでした。なんとアブシンベル神殿を作ったラムセス2世のエネルギーを持っている魂でした。

ラムセス2世は、当時平均寿命が35歳だったときに、80歳まで生きていました。正妻が7人で側室は大勢、子供は100人もいたそうですから、とてもパワフルです。日本の少子化対策にはバッチリの助っ人です。

私の身近にエジプト時代のファラオが2人も生まれ変わってきました。これからの日本を引っ張ってくれる魂がいてくれるのは本当に心強いです。

エジプトは、はるばるオリオン星座からやって来たオリオン星人たちが、権力者と奴隷のゲームから卒業したくて移住してきました。でもまたエジプトでも同じようなゲームの続きを展開してしまいました。ピラミッドは、その象徴として建てられました。アメリカの1ドル紙幣の裏にピラミッドが描かれ、その頂点に目が描かれていま す。これは「真実を見る目」です。

人々が真実に目覚めたら、ピラミッド構造がくずれて平らになります。

スサノヲが八岐大蛇を退治して得た剣が、世の中を平らにする働きをするように、陰の中に陽を引き寄せる強気エネルギーがあります。陰陽統合のときを迎えています。

悪に見えるものの中に、世の中を平らにする秘策が隠されていると『日月神示』にも書かれています。

その秘策が何なのかは、スサノヲパワーを自分の中から引き出したときに、自然に自分が対峙できる相手から引き出せることになっています。

とても自然に楽々とできるので、楽しみにしていてください。「あら、私の場合はこれだったのね」と、いとも簡単にあなたにとっての八岐大蛇を退治して、草薙の剣をもらうことができます。

もうひとつ面白いことが『日月神示』に書かれています。

それは、日本がとことんやられて負けたように見せて、見事に蘇ることが2回あるそうです。

1回目は大東亜戦争でした。唯一の被爆国になって戦争を終わらせ、ゼロに近い状態から不死鳥のように蘇りました。

そして今が2回目です。働いて高い税金を払い、その税金を世界中にばらまいて国民全員が陰徳を積んでいます。自国の子供たちはどんどん粗末な給食になり、返済が大変な奨学金で苦しめられて働き続けるという、自分ではなかなか選べない辛い修行を選び、自分を磨いています。厳しい2回目の試練を乗り越えられるように波動を高めています。

日本人全員が救世主になって、地球を5次元の光の世界まで導くようになっているのです。

私たちの魂は、今回の人生を選んだとき、地球のアセンションを応援すると決めてきたので、このプロセスを楽しんでいます。これだけ試練を積めば、必ず光に帰ったときに素晴らしい世界に行けるので、これもあとからのお楽しみなのです。

私たち自身が救世主になる、メシヤ〜！

小見出しが素敵なギャグになっていますが、通じたでしょうか？　救世主のことをメシヤといいますが、日本語の同じ響きに「飯屋」があります。この時代の最大のギャグになるように作られた言葉としか思えません。

いろんな国の料理が作れるインターナショナルな日本の主婦のみなさん、ついにあなたは救世主・メシヤ（飯屋）です。

私はふだんからクリニックで「偉大なる主婦」と呼んでいますが、日本の主婦は祈りの力も強く、念力も強く、いつの間にか救世主になっておられたのです。

『日月神示』の中で、好きなフレーズを紹介します。

「文命の言の御代の月の光りなり。五十意図始めの光り知りて、尊き御代とぞなりふる。誠の神のふでなるぞ。心しめて読む時ぞ。真言の神と飛来の神と皆和す時き成るぞ。あら楽し、あなさやけ、普字は晴れたり、言答開けたり。あなさやけおけ、後の世に書きしるすぞ、日月の神　書き印すぞ」

この文は、昭和21年1月19日に、国常立大神《くにのとこたちのかみ》、別名「艮《うしとら》の金神《こんじん》」から直接降ろされたものです。

簡単に訳すと、「言霊の時代の到来を告げる月の光です。50音が響きはじめて尊い時代になります。誠の神のメッセージです、心して読むときです。言霊・マントラの神と飛んでくる神とが協力して作る時代です。なんと楽しい晴れ晴れとした気持ちでしょう。言霊が明確になりました。なんと嬉しく踊りたくなることでしょう。後の代のために書きましょう。日月の神が書き記します」

また、『日月神示』の出だしもとても有名です。

声に出して読むと、内なる宇宙の中心がざわっとします。魂は知っているからだと思います。神と繋がるチャンスです。

「ニニ（富士）は晴れたり、日本晴れ。神の国のまことの神の力をあらはす代となれる、仏もキリストも何も彼もはっきり助けて七六かしいご苦労のない代が来るからみたまを不断に磨いて一筋の誠を通うして呉れよ。いま一苦労あるが、この苦労は身魂をみがいて居らぬと越せぬ、この世初って二度とない苦労である。このむすびは神の力でないと何も出来ん、（中略）人間の算盤では弾けんことぞ、日本はお土があかる（上がる）、外国はお土がさかる（下がる）。都の大洗濯、（中略）神の力でないと何にも成就せん（後略）」

このような感じで903ページまで続きます。日常生活の常識的な内容がほとんどです。やっとここまで来たという待ち遠しかった思いがふつふつと湧き出てきます。

地球が五次元世界に突入して安定するまで見届けたいと思っています。

イスラエルに行ったときに、死海の洞窟から出てきた古文書を見ました。『死海文書』です。

その文書には、地球がアセンションするとき、日本から救世主が現れると書かれていたそうです。そのときにはわかりませんでしたが、今頃になってユーチューブの動画を見てびっくりしました。

これは誰か1人の日本人のことを予言しているのではないと思います。きっと、日本人全員が救世主になるのだと思います。だからこそ、私たち日本人が目覚めて、自分たちの大切な使命を思い出し、日本の地球の平和を祈ることが大切なのです。

日本人として、このタイミングで生まれてきたことに感謝して、自分が平和のために何ができるのか、自分の役割は何なのかをしっかりとクリアに確認することです。

この本を読みながら、その確認を進めてください。

まだ目覚めていない人たちにどんなヒントや解説をして目覚めてもらえるのか、些細なことでもそういうことを話すきっかけになれば素晴らしい役割です。

そのために、私は大切なメッセージを満載してこの本を書いています。

この本の依頼が来るように、今まで45冊の本を20年間書き続けてきました。壮大なプロジェクトだったとしみじみ思います。これだけ長い間途切れることなく本の依頼が来たのは、愛と笑いの過去生療法を続けてきて、その体験を書き、それを読んでくださるみなさんがいたからです。そうでなければこのリレーは続けられませんでした。

私は本だけでなく、聖人の絵を描き続けてきましたが、その第1号がレオナルド・ダ・ヴィンチの幻の絵『サルバトール・ムンディ』（救世主）です。たまたま東京の定宿の近くの本屋で、レオナルド・ダ・ヴィンチの絵の本が見つかりました。その中に見たこともない『サルバトール・ムンディ』の絵を見つけたので、調べてみました。すると13万円で買った人が鑑定してもらったところ、レオナルド・ダ・ヴィンチの幻の絵だったのです。最後はアラブの石油王子が514億円で落札しました。個人の所蔵になっているので公開されていません。それで、5％のレオナルド・ダ・ヴィンチのエネルギーを持っている私が描いてみることにしたのです。

自分の絵ですから、やりたい放題です。髪の毛を金髪にして、どうせならと佐渡島の金粉をふんだんに塗り込みました。地味なブルーのガウンも沖縄の美しい海の色にしました。左手に持っている水晶球も少し大きくして、天を指している右手も少し大きくして迫力をアップさせました。

描きながら、「右手が指している天は、具体的にどこなの？」とレオナルド・ダ・

ヴィンチに聞いてみたら、「天の川銀河だよ〜」という答えがすぐに返ってきました。

なるほど、孔子様が教えてくれた2万6000年周期で回っている中心が天の川銀河なのだという話と繋がっていると理解できました。京都などのお寺で見る仏像が指さしている天は、天の川銀河だったのです。

私が絵を描いていると、絵に意識が入って絵からリクエストが来ることもあります。このときも「光輪を描いてください」とリクエストがあったので金の光輪を描き、さらに聖人らしくなりました。

いよいよ地球が優良星の仲間入りをして、いろんな宇宙人と交流できる宇宙時代を迎えることになりました。

いろんな秘密が明かされて、真実が見えてきます。

人生いろいろ〜人もいろいろ〜宇宙人もいろいろ〜です。

悪役大スターの権力者のチームが2000年も地球劇場にいたおかげで、地上の文明が栄えてきました。

でも、そろそろ悪役大スターの退場のときです。

地球が宇宙時代を迎えると、もっと愛が深い宇宙人との交流がはじまります。つまり、地球劇場でのステージが大きく変わるのです。

そのために必要な統合というプロセスを、今しきりにやっている途中なのです。

メジャーリーガーの大谷翔平選手は、結婚というめでたい展開のあとに、相棒だった通訳がスポーツ賭博でふくれた借金を大谷選手の口座から不正に引き出した罪で逮捕されました。それも26億円という大金です。これはびっくりの窃盗事件ですが、きっと過去生の清算だと思います。たぶん前回は悲恋で終わっていたのを負債を返すことで結ばれたのだと思います。すごい展開です。

このような展開は、影響力が大きいほど過去生の解放も大きく、たくさんの人々の解放に繋がっています。

これから大きな奇跡的な夢実現のうねりが来ると思います。

たくさんの人々の悲恋が成就する流れになります。今まで、なかなか結婚できなかったたくさんの人々が次々に結ばれることになります。

大谷選手は一時的に辛いかもしれませんが、ちゃんと真美子さんという素晴らしいパートナーがそばにいるので乗り越えられます。同じアスリートでいろいろ理解してもらえるので、本当によかったです。

その試練は、1人に終わらず、パートナーや親友に会える流れになり、たくさんの人々の孤独が癒やされる展開になっていくのです。

宇宙のしくみは相似象で起きることから、言えることなのです。

ジャポニズムの旗頭の大谷選手に起きたことと同じように、パートナーがほしいあなたにも最高のパートナーが見つかります。

その代わり、大金を失くすの？　いえいえ、その代わりに断捨離するのです。ものであふれた環境からすっきりの大切なものだけの環境に移るのです。

なぜか、私たちは自然にお片づけをしたくなるのです。そして波動がどんどん高くなります。

ミニマリストがはやっているように、これからはものへの執着が外れやすくなります。身近に断捨離をする人々が増えています。ものを減らして、すっきりすることで、日本全体も断捨離されていく流れになるのです。ちゃんと波動を整えましょう。

まさに『日月神示』の内容と繋がります。なんて人生のしくみは素晴らしいのでしょう！

もしかしたら、あなたもびっくりの素敵なドンピシャのパートナーが見つかるかもしれないのです。希望を捨てないで、夢を思い続けてください。

すでにパートナーがいる方は、その関係がさらに楽しく盛り上がるようになります。お互いに大切な存在として感謝して受けとめます。さらにこの本に書かれているようなスピリチュアルな話ができるソウルメイトに再会できるかもしれません。とにかく素敵な流れになります。

第4章

近未来のカギをにぎる

夢実現のプロセスを描いている『キングダム』

夢を思い続け実現していく壮大な物語を描いた漫画が、アニメになり映画化されました。それが『キングダム』という、中国の春秋戦国時代の始皇帝の物語です。

脱サラして漫画家になった原泰久さんの漫画で、既刊72冊の長編です。

紀元前225年頃に、秦、魏、韓、楚、趙、燕、斉の7つの国が500年間戦い続けていた中国の戦国時代の話です。日本にも戦国時代が140年間ありましたが、中国は514年間も続いていました。

映画『キングダム』は試写会になんと約4000人もの人々が集まり、2024年までに4作まで続くほど人気絶大です。

私は3作目まで観てはまり、2回ずつ観ました。とにかくこの映画を観ると元気になります。鼻ふがふがになって、心も身体も燃えてきます。日本人が目覚めるには素晴らしいタイミングで世に出てくれたと感動しています。

待望の4作目『キングダム　大将軍の帰還』を公開初日の朝に観て、感動でずっと泣いてしまいました。なんとニューヨークのアジアン映画祭で主人公の信を演じた山﨑賢人さんが栄誉ある賞を獲りました。海外にも広がり最高に嬉しいです。

なぜここまで人気があるのかを感じてみたら、まず、私たち日本人は、戦国時代が大好きです。NHKの大河ドラマのほとんどは戦国時代の武将を扱っています。

ですから同じように、中国の春秋戦国時代もブレイクしたのでしょう。特に起業家に人気だそうです。

始皇帝がどうやって中華統一を果たしたのか、という物語ですが、原さんが登場人物の約100人を丁寧に描いているので、いろんな個性を持つ人々に気持ちが入りやすく、どんどん引き込まれるのです。

主人公は奴隷の青年・信と、秦国の若き王・政です。

信は、大将軍になる夢を持っています。政は、中華統一の最初の王になる夢を持っています。信が政を助けながら、お互いの夢実現への道が開かれていくプロセスを描いています。

漫画の絵は、ちょっと目がきついのですが、それは先輩の漫画家さんに、もっと目を強調したほうがいいとアドバイスされたからで、そうしたら大ブレイクしたそうです。目は大事です。映画はイケメンと美女が出てくるので癒やされます。

私が尊敬する上江洲義秀先生の過去生が始皇帝なので、なおさらわくわくします。

上江洲先生が開催されている「光話会」によく参加される方々が、私のクリニックにいらして、上江洲先生との過去生の関係を謎解きされるので、自然に上江洲先生の過去生もわかってきたのです。

たくさんの中国人が上江洲先生の光話会に参加していて、中国語の通訳がつくようになりました。中国本土でも昔1000人の光話会をしたことがあるそうです。そのとき宗教団体と勘違いされて、上江洲先生は中国に入れなくなりました。せっかく貴重な宇宙の真理の話をしてくださるのに残念な話です。

それでもたくさんの中国の人々は光話会に参加するために日本へ来るようになりました。コロナ禍でも50人くらいの熱心な中国の方々が日本に滞在して、宇宙の真理を学んでいました。

主人が最初に私の講演会に参加したとき、瞑想で自分がギリシャの兵士だった時代を思い出したそうです。そこで隣の仲間の兵士と「戦いはもういいよね、平和にしよう」と語っていた仲間の兵士の話をしてくれました。その話を上江洲先生に話したら、

「その仲間の兵士は私です〜」と嬉しそうに話してくださいました。

7つの国をひとつに束ね、中華統一の夢実現を果たした最初の王・始皇帝の魂の究極の思いは、戦いのない平和な世界なのだとしみじみ感動しました。

ギリシャ時代の方が、始皇帝時代よりも、ぐんと最近なのです。


中華統一の流れは、そのまま地球統一へと続いていきます。

『キングダム』を読んでいると、リーダーシップとコミュニケーション能力が高まるので、ビジネスマンに人気ですが、そのままユートピア活動にも活用できます。主人公の信は仲間の話をよく聞いて話しやすいリーダーです。地球統一に向けて必要とされるリーダーです。つまり、この中華統一の物語が中国ではなく、今の日本に生まれたのは、これから日本がユートピア活動のリーダーシップを取っていくからなのです。

そして、日本人が一人ひとりが目覚めることで、戦争のない外交による統一へと向かいます。見えない世界では、着々とその段取りができています。

あとは、私たちが目覚めて波動をぐんと上げて、その段取りの通りに実行していくだけです。

私が28年間、愛と笑いの過去生療法を続けてきて、たくさんの魂さんの人生の謎解きをお手伝いしてきた深い意味がやっとここで統合されてきました。

上江洲先生の光話会の中で、「神様から2030年頃に地球が平和になっている様子を見せてもらったことが3回あります」と聞いたことがあります。

これはとても嬉しい明るい情報です。だんだん近づいてきました。

同じことを、友人のスピリチュアルリーダーの中野裕弓さんからも聞いたことがあります。彼女の心の声の光ちゃんから、「地球の未来は2030年頃に平和になるわよ〜」と聞いて、とても嬉しくなりました。気の合う仲間とコミュニティ作りをしたいと楽しそうに話してくれました。

これからは、いよいよ地球が統一されて平和になります。私たちの波動がどんどん上がって、経済中心の社会から卒業して、穏やかで笑顔がいっぱいのユートピアの世界、平和な地球を夢実現するときが来ているのです。

地球規模の大変革は、新地球になって、とてもわくわく元気になる夢実現なので、くれぐれも不安がらずに怖がらずに、面白がって楽しくアセンションを乗り切っていきましょう！

新地球へのメッセージが込められている映画『ゴジラ－《マイナス》1・0』

映画『ゴジラ－1・0』が2024年のアメリカのアカデミー賞で「視覚効果賞」を獲ったと聞いて、びっくりして劇場で観ましたが、まさかの感動の号泣でした。どうしてもこの本の最終章で紹介したくなり、4日後には2回目を観に行って、さらに感動してずっと泣いていました。

これは、単なる娯楽的な怪獣映画ではありません。とても深い意味を持った、素晴らしい映画です。

日本だけでなく、世界を変えるほどの力を持っています。

しかも地球のエネルギーが大きく変わるベストタイミングに登場しています。

『永遠の0』『ALWAYS 三丁目の夕日』『アルキメデスの大戦』『海賊とよばれた男』などの名作を手がけてきた山崎貴監督ならではの、とても深い内容でした。

戦争で日本は焼野原になりました。やっと復興してきたときにゴジラが現れて、また破壊されてマイナスになるという意味で、『ゴジラ－1・0』というタイトルになったそうです。

終戦直後の日本をとてもリアルに描いていて、主人公の敷島浩一という生き残った特攻隊の悩みを際立たせていました。赤ん坊を託されて、一緒に転がり込んできた大石典子さんにその悩みを打ち明けたときの**「生き残った人間は、きちんと生きるべきです」**という言葉が心に残りました。

この言葉は、**「地球の大変革のときに、この世に生き残った人間がきちんと新地球を作っていくのです」**という大切なメッセージになります。

ビキニ原爆実験の放射能汚染で生まれたゴジラは、自分の中に原子炉を持っていて、放射能で大きくなります。再生能力が素晴らしいのです。

山崎監督にとって、ゴジラは神様と生物の両方を兼ね備えた存在だそうです。

ゴジラの映画で使われている有名な音楽に「ダダダ、ダダダ、ダダダダ～ダダダ」というメロディーがありますが、タイミングよく興奮度をマックスに導きます。ゴジラ独特の音楽だと思ったら、戦いの音楽だそうです。このリズムは、イントネーションが違いますが、日本人が大好きな「三三七拍子」に似ています。

ゴジラが吐く放射能の爆風にやられた典子さんが奇跡的に生きていたのですが、それは首筋にできた黒い痣（ゴジラの細胞）のおかげで奇跡の生還を生み出したのだと思います。

前述したように私も今の人生の直前の過去生は広島の原爆で亡くなった7歳の下久保啓くんでした。啓くんが復活して啓子になって、ウランパワーもあってとても元気にたくさんの活動をすることができました。そのせいか、子供のときは**「ウランちゃん」**というあだ名で呼ばれていたこともありました。フランス人の牧師さんからは「啓子は小さいのにとてもパワフルだから、**リトルアトム**だね」と言われたこともあります。

どうも、私にもゴジラのように放射能関係のエネルギーがあふれているようです。

東京を焼野原にしたアメリカが、この作品にアカデミー賞を授与したことが、さらに感無量です。

世界で唯一の被爆国日本でゴジラが生まれ、映画が70年間も作られ続け、この映画で30作品目になります。その作品が最高傑作と評判が高く、どんな人も感動し何度も観たくなる中毒性を持っています。あのスティーブン・スピルバーグ監督も大絶賛していて3回も観たそうです。

同じときに、原爆を作った科学者であり原爆の父と呼ばれた男の映画『オッペンハイマー』が、アカデミー賞7部門を獲りました。とても皮肉な感じがしました。

ゴジラの映画はハッピーエンドで終わっていますが、さらに続きがありそうな伏線も盛り込まれています。山崎監督も続編を作る気満々なので、とても楽しみです。

戦後79年で、日本もやっと戦争が終わったのかもしれません。

表向きは戦争に負けて、GHQによって日本は弱体化され、まるでアメリカの植民地のように扱われてきました。この流れは『日月神示』の予言の通りなのですが、いよいよ日本が本領発揮のタイミングなのです。

平和を愛するネイティブアメリカンのホピ族に、有名な「予言の岩」があります。

私は2回見に行ったことがありますが、そこにはひょうたんの形をした模様があります。

この岩を見たとき、私は過去生でホピ族の酋長《しゅうちょう》の息子だったことを思い出しました。

「おまえはこの地の下の石からできたひょうたんで亡くなり、そのあと、またここに戻ってくるよ」と言われたのです。

そのひょうたんの模様は、ホピ族の居留地の下から掘り出されたウランでできた広島の原子爆弾のことでした。

ホピ族の居留地の下に純度の高いウラン鉱脈があります。そこへレンタカーで向かったときに、肉眼でも見えるほどの美しい淡いピンク色の光線がその土地から放射状にあふれ出ていました。地球のハートチャクラの場所と言われているところです。

地球にも、人間と同じようにチャクラと呼ばれるエネルギーセンターがあります。紫色光線が出る頭頂部のチャクラが、今までチベットにありましたが、ペルーのマチュピチュに交代したそうです。2000年ごとに交代するという面白いシステムです。

そのため、ちょうど中国がチベットを侵攻して幕引き係を務めました。

すべてが陰陽の働きを持っています。それぞれの役割だと思うと、いい悪いを判別したり責めたりできなくなります。

ゴジラの映画を観ていても、ビキニ湾の原爆実験で被爆し変容したので、日本に上陸して町を破壊したけれど、ゴジラは原爆で生み出された命だと思います。私も被爆体験があるので、ゴジラが他人事に思えません。

岡本太郎さんの巨大な壁画『明日への神話』を見るたびに、真ん中の笑う骸骨は自分だと感じています。右端にビキニ湾の原爆実験で被爆した漁船が、左端には美しい未来の図が描かれています。

太郎さんが描いたこの壁画も、また70年間引き継がれたゴジラの映画も、それぞれに原爆からの復活というテーマの素晴らしい作品だと思いました。

戦争を終わらせるため、という大義名分で広島と長崎に原爆を落とされたという勝者の論理になっているのは残念です。

原爆を作った科学者オッペンハイマーは、あの世に帰るときに、自分が作った原爆で、広島と長崎のたくさんの人々が悲惨な死に方をした状態を生々しく映像で見て、後悔と懺悔でいたたまれなくなり、すぐには光の世界には帰らず、内省の時間を体験してから光に帰り、なんと意識の一部は、過去の広島に女の子で生まれ変わっています。そして原爆の生き地獄を体験してから、光に帰り統合されています。

加害者と被害者の両方を体験して、陰陽統合され、光の玉になりました。

つまり、自分の中で、加害者と被害者の体験が振り子現象のようにバランスよく選択されて、統合されていくのです。

人生のしくみを深く知っていくと、誰も被害者がいなくなり、ヒーローと悪役を演じているだけだと気づくようになります。自分も他人も心から許せるようになるのです。

ゴジラの映画から見えない世界の話を少し紹介しました。とてもコアな人生のしくみに気づくことができました。

ユートピア活動をはじめるときがきた

さてさて、いよいよ地球の近未来についての話をしましょう。

コロナ禍が落ち着いて、そろそろ本格的にユートピアに向かっての活動が活発になってくるときです。

本当の自分に出会って、自分にしかできないことで、誰かの役に立つことを見つけましょう。それに夢中になると、どんどん自分らしいユートピア活動がはじまります。

それとともに、一緒に活動してくれる仲間が次々と現れてくるのです。どこからそのチャンスが訪れるのかわかりません。わくわくしますね。

私の場合は、職場のクリニックで、イギリス時代に魔法学校を一緒にやっていた仲間との感動的な再会があったことがきっかけです。「ぜひ『海の舞』での過去生療法セミナーに参加して」とお願いしたら、それが実現して、セミナー中に「一緒に魔法学校を作りましょう！」と声かけをしました。セミナー参加者さんの中に、魔法学校に参加したいという人が何人もいて、さっそくはじめることにしました。

名前は、「ユートピア魔法学校」です。あくまでも目標はユートピアなのです。

ユートピアとは、愛と笑いが絶えない楽しい時空間です。

個人的には、クリニックで愛と笑いの過去生療法をして、たくさんの人たちの人生の謎解きをしながら、感動の涙と楽しい笑いで潜在意識（エーテル体）にたまっていたたくさんの感情を解放し、波動を軽やかにしていきます。

美しい地球がアセンションして5次元地球に移行する未来のために、大好きなソウルメイトたちと魔法を解禁して、ユートピア化を加速するのです。

すでにお伝えしましたが、魔法とは、思い込みの活用です。

これまで2000年間、私たちは権力者チームに洗脳されて、自分は何もできないと思い込まされていました。

私たちには、素晴らしい能力がたくさん秘蔵されています。たとえば人をその気に

させる、人を笑顔にできる、自然界のすべてと話ができる、人を癒やすことができる、限られた食材でおいしい料理ができる……などです。

それに気づいて表に出して、地球のユートピアのために使うのです。たとえばグループ瞑想と祈りはユートピアを促進していきます。一人ひとりが瞑想を習慣にすることで、どんどん本来の自分に目覚めて、自分にしかできないことを見つけて、それを着々と実行することでユートピアになってきます。

グループの瞑想と祈りは、大きな愛と光の渦を作り、大きなパワーになって世の中を大きく変えていきます。

スピリチュアルな人々が、もうすでに新地球に向けてはじめている活動が、コミュニティ作りです。

コミュニティは、平和な時代にはつきものです。縄文時代も気の合うメンバーで楽しいコミュニティを作っていました。

銀ちゃんと呼ばれている山納《さんのう》銀之輔さんのエコビレッジを紹介します。ぜひエコビレッジを被災地の復興に取り入れては、と思いました。参考図書は『天を味方につける生き方』（ヒカルランド）です。動画もたくさん出ているので、そちらもわかりやすいです。

ＡＩを使うスマートシティ計画よりも、自分たちで楽しく作るエコビレッジのほうがユートピアへの道を感じます。自然を大切に寄り添うアナログが復活です。地球がきっと喜んでくれます。

銀ちゃんには、世界中のいろんなところからエコビレッジを作るためにお呼びがかかります。銀ちゃんはまずその土地の環境を調べて、そこにある自然素材で、そこに住む人々と一緒に家を建てていきます。沖縄では石垣島にあります。

銀ちゃんのエコビレッジは「絵本の村」と呼ばれている通り、まるで絵本から飛び出したようなメルヘンな家がたくさんあります。自然素材で心地よい波動を生み出しています。みんなの手作りなので愛の波動があふれています。

土の素晴らしさがわかるエピソードは最高です。

エコビレッジで自然栽培の野菜をたくさん作っても、周りと同じ野菜は受け取ってもらえないので、周りの農家が作っていない野菜を作ろうと、イタリアのトマトの種を蒔《ま》いたそうです。すると、そのトマトに必要な成分がたくさん含まれている草が大量に生え、トマトは一切できず。けれども、翌年にその草が枯れて土になるとトマトが立派に収穫できたそうです。

しかも見たこともないゴールドの虫が発生して、調べたらイタリアの虫だったそうですが、余分なものはその虫が食べてくれたのだそうです。種にはその野菜のすべての情報が入っているので、それが土にインプットされると、その野菜が育つために必要なものを引き寄せて、その野菜にふさわしい土になるのです。びっくりです。

土は完全で、宇宙そのものです。土のインターナショナルネットワークというものがあるに違いないです。

銀ちゃんは、これを「宇宙の全自動の法則」と呼んでいます。

私がカニ踊りで広めている宇宙の真理のエッセンス「すべてはうまくいっている〜」と同じ意味です。とても嬉しいです。

宇宙は、私たちのたくさんの思いで作られているから多種多様なのです。

たくさんの宇宙がパラレルのように存在していて、キラキラのミラーボールみたいです。

大変化する2024年と2025年の直前に、ペンキ画家のショーゲンさんの登場で多くの人が縄文時代を思い出しました。自然とともに生きることや、仲間と助け合って生きる生活へとだんだん変わっていきます。それくらい、ショーゲンさんのインパクトは大きなものでした。

ショーゲンさんの前には、岡本太郎さんが「太陽の塔」と縄文時代の火焔型土器をかかげて声を上げています。さすが太陽人だった太郎さんです。

そして、無農薬リンゴを成功させた木村秋則さんと、ローマ法王に米を食べさせた男・高野誠鮮《じょうせん》さんが2本柱で、自然栽培という農業革命を旗上げしています。参考図書は高野誠鮮さんと木村秋則さんの共著『日本農業再生論』（講談社）です。

これは、すごい本です。なんと高野さんが自然栽培に素敵なネーミングをしてくれました。

「ジャポニック」です。

ジャポニックとは、世界をターゲットにした農薬、肥料、除草剤を使わない日本の自然栽培技術です。ジャポニズムからジャポニックまできました。

せっかく日本で生まれたのに日本で広がりにくいそうです。そこで考えたのが海外に広めて、日本に逆輸入する方法です。高野さんはまずアメリカをターゲットにして動いています。アメリカが変われば、日本が真似をするからです。

そして高野さんの『ローマ法王に米を食べさせた男』（講談社）も読んでみました。こんなに面白い本は久しぶりです。とにかく破天荒で発想が面白いです。タイトルからして面白いです。行動力が素晴らしくて、テンポが速く、読んでいて気持ちがいいです。スサノヲのパワーが全開の魂さんだと思いました。

あなたは、ユートピア活動として、何をしたいですか？　コミュニティを作るには、自分ができる範囲でそれぞれが提案すると、自分の得意とする分野を担当して、素敵なコミュニティができます。

この世はひとつではなく、パラレルにいろんな世界があるので、心地よく感じる世界や楽しいと思える世界に意識を合わせて選択してみてください。

意識したそのままを引き寄せます。もちろん気が変わっても大丈夫です。宇宙は自由自在なのです。

絶え間なく注がれる宇宙人からの応援

私たち個々の魂さんは、今このタイミングに合わせて、いろんな人生のイベントを計画しています。

すべては新地球へのアセンションのために段取りしていますので、安心して直感に従って行動を起こしてください。

直感は、魂からの直通電話です。だから直感を信じて行動開始です。

そのため、今までと違った流れがどんどん出てきますが、それも面白がって楽しんでください。

宇宙人が大好きな人は、宇宙船が助けに来てくれるイメージを何度も思い浮かべるので、本当に懐かしい故郷の星から大きな宇宙船が来て助けてくれます。

終末論が大好きな人は、ちゃんと大きな地震や津波や洪水が来て、冒険映画のようなびっくりの体験ができます。自分がイメージした通りの世界になって、やっぱり地球は大変なことになったと納得します。

ここで、とても面白い話を紹介します。

実は『かぐや姫』は実話だったのです。NASAでは常識だそうです。びっくりです。これは量子物理学者の保江邦夫先生の本に紹介されていました。

地球に不時着した宇宙人の子供たちを、いろんなところにカプセルに入れて置いたら、日本の竹林に置いたカプセルの子供は優しい老夫婦に愛情いっぱいに育てられました。その子供は無事に月に戻れましたが、ヨーロッパなどに預けられた子供たちは、悪魔と思われて殺されてしまいました。

子供を救ってくれた宇宙人は、いまだに感謝を忘れておらず、日本を守ってくれています。

一人ひとりの言動が未来の人々に深く影響を与えるのです。

そして、クリニックにも過去生がかぐや姫の方が立て続けに2人、来院されました。

1人は今生でもかぐや姫のような長い黒髪の美しい女性でした。元夫の過去生が、平安時代にしつこく言い寄った帝《みかど》だったという、当時の重要な脇役も登場してびっくりでした。

私は帝の陰陽師だった過去世もあるので、表面意識は次のパートナーを勧めているのに、セッション中の魂の通訳としては、「帝のもとに帰ったほうが」と矛盾することを伝えていました。

もう1人の女性は、クレオパトラのような髪型の優しい笑顔の女性でした。彼女の父親は平安時代に竹林でかぐや姫を見つけた優しい翁でした。そして彼女のことが大好きな姉は、翁とともに愛情たっぷりと育ててくれたおばば様でした。

過去生の大切な人々が今生でもそばにいてくれますから、とても心強い人生のしくみです。

私と縁がある方は、金星、プレアデス星団、アルクトゥルス星、シリウスなどとの交流がはじまっています。今地球上に、元金星人が3000人はいます。シリウスからも3000人、プレアデス星団からの魂さんは5000人くらいいます。アルクトゥルス星からは2000人くらいです。

私たちの魂の根源は、天の川銀河にあります。

そこから意識だけ飛んで、地球というかなり制限された星にいます。

これから地球の波動も上がって、制限がかなり取れるので、今まで生きづらかった

人は、とても楽になります。

もう少しの辛抱です。よくぞ今まで地球の荒い波動の地上で生きてこられました。本当にあっぱれです。自分を抱きしめて、「本当によく頑張ったね〜」と自分をしっかりとねぎらってあげてください。

自分自身を認めてあげることが、自分を大事にすること、自分を心から愛することになります。インナーチャイルドの癒やしです。

ぬいぐるみがある人は、それを抱きしめて、自分の下の名前に「ちゃん」をつけて呼んであげてください。

「○○ちゃん、生まれてきてくれてありがとう！　本当に今までよく頑張ってきました」

と、愛を込めて言ってあげてください。インナーチャイルドがとても喜んで、さらに元気になります。

インナーチャイルドを癒やしてハートが開いてところで、大事な話をします。

2025年から大きく波動が変わるので、そのお手伝いに宇宙人たちが大挙して、応援に駆けつけてくれています。

星から星へと旅する魂、星の旅人たちは、複数の星との関わりがあるので、そのときどきに繋がっていたい波動の星を意識してください。微妙な波動の違いで応援に来る母船が違います。

その母船に周波数を合わせると、意識がすぐに母船内に導かれて、交流の場に通されます。そこで、必要な情報とエネルギーがダウンロードされますので、しばらくその波動に浸って、ゆったりと癒やされてください。

終了したら、自然に意識が今の自分の位置に戻ってきます。また地球人として動けばいいです。

もう少しそれぞれの星の特徴のヒントを伝えます。

元金星人の魂さんは「ミュージカル」がキーワードです。

歌って踊ってわくわくすることで、平和なエネルギーを作り出します。ディズニー映画の『ウィッシュ』を観たり、楽しいミュージカルを観たり、自分も歌ったり踊ったりしたくなって、どんどん金星パワーの引き出しが開きます。

それだけあふれ出ると、同じ金星人仲間を引き寄せます。仲間たちがミュージカルをすることで、ますます金星パワーが広がって、ユートピアへの道へと導きます。
ディズニーランドに行くのは手っ取り早いと思います。きっと混雑しているので、アトラクションを待つ間もスマホで好きな歌を見つけて、歌って踊って楽しく待ちましょう。

元シリウス人は、愛があふれた利他の人です。

イルカやクジラのようなタイプです。とても頭がよくて勉強が好きで、束縛されるのを嫌います。好奇心旺盛で、いろんな分野の知識を増やしていきます。メカニックにも強く、質問すると丁寧に答えてくれます。自分がそうだと感じた人は、元シリウス人です。

スピリチュアルな世界で活躍している前述の保江先生や元東京大学名誉教授で医者の矢作直樹先生は、シリウス出身だとカミングアウトされていました。3000人の元シリウス人たちに目覚めてもらって、一緒にシリウスに帰りたいそうです。

元プレアデス星団の魂さんは、科学者タイプとアーティストタイプに分かれます。

レオナルド・ダ・ヴィンチのように両方のタイプを兼ね備えた魂もあります。
最近プレアデス星団に帰った谷村新司さんの歌、特に『昴』を熱唱したくなります。

ぜひ歌詞の「昴」のところを「プレアデス」と置き換えて歌ってみてください。

元アルクトゥルス星人は、もともと透明で肉体を持たないので、まれに肉体を持っているとと気配があまりしません。ですからいろいろ誤解されやすいところもあります。**透明感のある虹色の星なので、肌が透けるように美しく髪も綺麗です。**スタイルも良くて、ファッションショーのモデルにぴったりです。

穏やかで争いごとが苦手です。荒い波動が苦手なので、激しい場面に遭遇するとストレスを感じやすいです。性格は明るく愛が深いので、一緒にいるととても癒やされます。天使との繋がりが強く、大天使ともコンタクトができるので、思いがけない展開を作り出します。

動物や植物が大好きで、動物からも好かれます。とてもスピリチュアルで、地球のアセンションを応援に来ています。ヒーラーになる人も多いです。

アルクトゥルス語を話すヤンタラジローさんというシンガポールの人のユーチューブがとても面白いので見てください。

以上、日本人に生まれやすい宇宙人の特徴を説明してみましたが、自分に当てはまる宇宙人がいましたか？　いろんな宇宙人が応援に来ていますので、どうも宇宙人ではないかしら、と感じたらきっと当たっていると思います。応援するためにわざわざ地球人に転生してきたと思うと、感謝があふれてきます。

愛と自然の循環

戦後、ＧＨＱの指示でミネラル豊富な海の塩を日本人が食べられなくなりました。ミネラルを取り除いた精製食塩に切り替わったことで、すっかり日本人の波動がダウンしてしまいました。もうそろそろミネラルいっぱいの海の塩を食べましょう！

必要以上に減塩するのもやめましょう！

「高血圧症には、減塩」というのは、医学界の恥ずかしい迷信です。昔、ネズミの実験で、たまたま見つけた結果なのです。

塩は、生きていくのに大切なものです。特に海の塩は、素晴らしい波動です。ちゃんと海の塩を食べてミネラルを摂取することで疲れが取れて、とてもパワフルになります。

もともと、私たちの命は海から生まれています。私たち自身、母の子宮に10か月間いたときには、海と同じ成分の羊水に浮いていました。

フランスの医師ルネ・カントンが１００年前に見つけた海洋水は、末期患者の命を救い、頑固なアトピーや乾癬《かんせん》症を治した実績があります。海洋水の素晴らしい免疫力と治療効果が数十万もの症例で実証されたのに、海水では儲からないと抹消されてしまいました。それをまた復活させたいと思います。

この海水療法のやり方は、海水を沸騰させてその中にタオルを入れ、熱々にしたタオルを足の裏から頭まで順番に当てていきます。体温も上がり、ミネラルも浸透します。

海水療法を取り入れることで、もっと健康を維持できて、膨大な医療費を削減できます。

海水に足をつけるだけでも、予防医学になります。

海のそばに住んでいる人は、すぐに日常に取り入れましょう！　疲れも取れる上に邪気も取れて、キラキラピカピカになります。

ルネ・カントン医師は亡くなってから約１００年経っているので、日本に生まれ変わっていると思います。そして、引き続き海水療法を広めるユートピア活動をされていると思います。

このように、素晴らしい発明は途中で阻《はば》まれても生まれ変わって、さらに別の展開で引き継いで広めていきます。

家庭で海水を味わうには、お風呂に塩を入れるのがいちばんです。

私はエプソムソルトという塩をお風呂に入れて、リラックス効果と温熱効果、そして浄化の働きを活用しています。腰の痛みも取れて楽になりました。

海水に浸かっているようでとても気持ちいいです。マーメイドだったことがある魂さんはとてもリラックスできて、落ち着くと思います。

沖縄・琉球には、龍宮城があります。そこが開いて、マーメイドたちのエネルギーが目覚めました。海も地球の大切な領域です。かなり私たち人類が汚してしまいましたが、これからどんどん浄化されて、以前の美しい海に戻ってきます。

私たちの命は海から生まれていますから、その源の海の波動が下がったままでは、地球は新地球にはなれません。

私たちが、まずみんなで海に意識を向けることがまず第一歩です。

地球人が海の大切さを思い出すことで、その意識が海の蘇りを促すのです。

海水か塩を入れた水で、身を浄めてください。あなたの波動がぐっと上がって、すっきりします。意識して、塩分を取ってください。甘いものよりもしょっぱいものを食べましょう！　ドーナツよりもおせんべいです〜（笑）。

わかめの味噌汁など最高です。もずくの天ぷらを塩でいただきましょう！　もちろん、海老の天ぷらでも大丈夫です。海老のほうがマーメイドは大好物なので、自分がマーメイドだったときを思い出せて、海のエネルギーを引き寄せやすくなります。

イルカが大好きな人は、昔イルカだったかもしれません。**好きなものは、昔の自分であることが多いからです。**

ハワイでくるくる回りながらジャンプする、スピナードルフィンかもしれません。そう思うだけでもルンルン楽しくなってきます。

私も昔、スピナードルフィンでした。エーゲ海のバンドウイルカだったこともあります。逆にエーゲ海でドルフィンと泳ぐ神殿の巫女さんだったこともあります。それでギリシャが好きで、今生3回もギリシャに行きました。

日本は世界の縮図になっていますが、地中海は日本の瀬戸内海に当たります。ということは、ギリシャは日本の広島に当たるかもしれません。広島の人は広島にいながら、ギリシャにもいて、目の前の海はエーゲ海です。なんとロマンティックなのでしょう！

思うのは自由です。楽しく思って、人生を楽しみましょう！

何度も言いますが、人生を楽しむことが私たち人類の共通した使命です。

自分がルンルンになるイメージの世界にどっぷりはまって、幸せな気分を味わいましょう！

この生き方は、お金がかかりません。思いの世界で何とでもなります。自由自在なのです。

気分が軽やかなときは、人生は自分中心で動いているということでとても楽しいのですが、人の思いに翻弄《ほんろう》されているときは、気が重くなります。

輝かしい〝自己中〟をもっと味わってみてください。

さて、海をまた意識しましょう。海の幸、山の幸といいますが、どちらも大切です。

海も山も自然界で繋がって循環しています。山に降った雨が川になって海に戻り、海が蒸発して雲になって、雨になる～を繰り返しています。

愛も水も循環しています。

今まで2万6000年周期で大陸が沈んで文明が滅んできたのも、海による浄化です。大陸や文明までがドボンと海に沈んで、塩水で洗い流されるのです。

今回は、2025年がちょうどそのピークになりますが、文明を壊さないで残すことにしました。みんなの集合意識で決めたことです。そのためにみんなで祈ることになります。

だから、瞑想や祈りが大切なのです。

瞑想で、みんな笑顔で楽しそうなイメージを描いて、平和になって嬉しいと祈ります。

2024年4月3日、台湾で25年ぶりの大きな地震がありました。沖縄にも3メートルの津波が来る予定でしたが、沖縄の霊能者のユタさんたちや私たちみんなで祈って回避され、30センチですみました。素晴らしい祈りの力です。

来年の大きな津波回避の祈りの練習になりました。この調子で大丈夫です～ルンルン。

ルンルンは、軽やかに弾んで波動を上げる言霊、響きです。

海を意識して、海の塩を取って、イルカだったときやマーメイドだったときを思い出しながら、軽やかにルンルンと弾んで波動アップしましょう～ルンルン！

いよいよムー大陸が浮上するとき

さぁさぁ、待ってました～、懐かしのムー大陸がこれから浮上します。

いよいよムー民のお話です。

実はアトランティス大陸がムー大陸を植民地にしました。ムー民たちが抑圧され、波動もどんどん下がって、これ以上、下げては大変と今の沖縄の久高島のあたりで、祈り人たちが集まりました。円になって、とてもパワフルで静かな祈りをしました。

そして、ムー大陸は30メートルの大津波が来て、ゆっくりと沈んでいきました。

それから、悠久のときが流れて、いよいよムー大陸が浮上するタイミングが巡ってきました。

クリニックにも、過去生がムー大陸の時代を生きた巫女さんだった魂さんたちが続々と来ました。ムー大陸の続きをするために、解放しに来られているのです。

ムー大陸のときに、とても大切な聖なる拠点の2か所、琉球王国とハワイ王国がエネルギーとして蘇ることができました。それが2024年4月7日でした。

私は沖縄の北部にある大川神社という小さな祠《ほこら》しかない、知る人ぞ知る聖地で蘇りの祈りをしました。その前に、塩川という真水と海の水が混ざったところで禊《みそぎ》をして、大川神社に向かったのです。

塩川ははじめての場所で、大きな亀岩が守っていました。亀岩は「啓子、待ってたよ〜よく来たね〜」と話しかけてくれて、〝歓迎ウエルカメ〟してくれました。

それだけで嬉しくなって、靴を脱いで裸足になり、冷たくて気持ちのいい水に浸かって足を洗いました。キャーキャーと子供に返ってピュアピュアになりました。

自然に集まった8人で行ったのですが、たくさんの龍とともに祝詞とアマテラスのマントラで、蘇りの儀式をすることができました。さらに琉球舞踏家の比嘉淳子先生が創作龍の舞を奉納して龍たちがとても喜んでいました。

連れて行ってくれたのは山内光子さんで、フロリダに住んでいる私の熱烈ファンのルミ子さんが、7年ぶりに沖縄の実家に一時帰国してきたとき、友だちの紹介で山内光子さんに再会できたのです。光子さんは、紅型を使った琉球文化のファッションデザイナーです。育ての父親は神様のメッセージを降ろす神人《かみんちゅ》で、沖縄中の人々を助けてきました。北部にある拝み場所、大川神社（辺野喜《べのき》神社）を大切に守ってきました。

大川神社は個人的にもまた国レベルでも、蘇りたいときにお参りする神聖な場所だったのです。立派な鳥居はありますが、本殿はとても小さくてびっくりするほどでした。

久高島にあるクボー御嶽《うたき》も、ムー大陸を沈める祈りをしたところです。ムー大陸を浮上させるところも、小さな祠がある程度でした。**本当に大切な場所は、なるべくわからないように存在しています。**

12人で沈めて8人で浮上です。大陸を沈めたり浮上させたり、大それたことのきっかけは、小さく行われるものなのです。

あなたの祈りも小さいと思わないでください。その祈りが大きなエネルギーの流れを創るきっかけになるのですから。見える世界では少人数でも、その周りを応援する見えない世界の助っ人はとんでもなく大きな龍や大天使たちなのです。

見えない世界の助っ人と祈りの力で繋がることが大切です。

そのためには、龍たちと大天使のことを知っておくことも必要です。この世界は意識するだけで変わります。そこに目覚めの意味があります。どこまでこの世とあの世を知ることができるかです。知ることができる世界が、意識の働く場となります。

2024年の辰年と2025年の巳年が日本の、そして地球の大変革、ハイライトになります。

2024年の元日に起きた能登半島地震のとき、西側が4メートル隆起して津波の被害を防ぎました。このように地球は生きています。ガイアと呼ばれる意識体を持っています。

地球は揺れたり、沈んだり、盛り上がったりとても柔らかく、自由自在に動くことができます。

今回は沈む力よりも浮上する力が強く出ることになっています。そして新しい地球として、素晴らしい流れになることがすでに決まっています。

あとは、私たちがそれぞれに、どのようなビジョンで、この流れに乗るかです。

私の場合は、過去生が琉球王朝時代の尚徳王という女性に弱い王様だったとき、金丸という重鎮に殺されてしまいました。その償いでなんとか琉球王国を復興したくて、沖縄に移住してきました。

クリニックで愛と笑いの過去生療法の診療や過去生療法セミナー、講演会やワークショップ、瞑想会、ヒーリングスクール、クリエイティブスクール、アーススクールなど様々な活動をしてきて、いよいよ大切な祈りの儀式を大切なベストタイミングに行うことができました。

そのスイッチが25年ぶりの台湾での地震です。台湾の花蓮は、ムー大陸の大切な聖地でとても波動が高い場所です。そこがムー大陸の浮上のときにグリッド、つまり大切なスイッチになりました。

そして、琉球王国だけでなく、ハワイ王国のエネルギーも開きました。ムー大陸にとっては、琉球王国とハワイ王国がとても大切なツインの聖地だったのです。

しかも、私は過去生でリケリケというハワイ王国の王女だったときがあるのです。姉がリリウオカラニ王女で、女王にもなった人です。有名な名曲『アロハオエ』を作りました。その姉の過去生だった女性が、ちょうど親友の眞由美さんで、動物の通訳をしていて、何とこの大切なタイミングにハワイのオアフ島に旅行で行っていました。

1年前から予定していて、ハワイ人と同じように税関をフリーパスできる1500人の中に入れたのです。その手続きのためにハワイへ行く計画を立てていました。円安のせいで中国人や韓国人、日本人も少なかったそうです。ハンバーガーが4000

〜5000円にまで高騰するとは思ってもみませんでした。

今は異常な円安なので、海外旅行客にとっては格安の物価で日本を旅することができる最高のタイミングです。質の高い日本の文化や物、食べ物を安く手に入れることができます。これはある意味では世界に日本の文化が浸透していくときだからだと思います。ジャポニズムが世界に広がっています。ユートピアのプロセスで、とても順調に進んでいるのです。

その証拠に、4月7日の祈りの儀式で、琉球王国とハワイ王国が復活しました。それは眞由美さんが帰国してからの報告でわかりました。

ハワイ滞在中の前半と後半で、まったくエネルギーが変わったそうなのです。4月6日までは寒くて暗くて寂しくて、とても重い気持ちに覆われていましたが、4月7日からは暖かくて明るくて楽しい、軽やかな気持ちになったそうです。

同じ日に、大解放と復活が起きるなんて、嬉しいびっくりです。しかもワイキキビーチにも真水と海水が混ざるカヴェヘヴェへの海があって、ハワイ王国の人々が癒やされ禊をしたところで、彼女もプカプカ浮いて癒やされたそうです。

そして、さらに嬉しい情報が天からもたらされました。

それは1810年にハワイ王国を統一したカメハメハ大王のエネルギーを持った魂さんが、今メジャーリーグで大活躍している大谷翔平選手なのです。それで、カメハメハ大王の故郷、ハワイ島のマウナケアに26億円の別荘を建築中だそうです。

過去生で生きていた魂の故郷だったので、懐かしく感じたのかもしれません。

ハワイ王国復活とともに、かつてのカメハメハ大王の魂である大谷選手がハワイ島に戻ってくることは、とても嬉しいことです。

さらにびっくりしたのが、カメハメハ大王の第1夫人はカアアフ・マヌと言って、身長が180センチもあったそうです。色白で鼻筋が通っていて、ハトのようなかわいい目をしていて、大王のいちばんのお気に入りだったと伝説に残っているそうです。

現在の真美子夫人も同じ180センチで、このシンクロには本当にびっくりしました。カメハメハ大王も2メートル近くあり、筋肉質で怪力を持っていたので、マヌ夫人を軽々と抱きかかえたそうです。素晴らしい流れにブラボーです。

ムー大陸の大切な聖地、琉球王国とハワイ王国が復活したら、次々にかつてのムー大陸の大切な場所が復活していきます。

そして、いずれは大きなヤマト大陸として、新地球でメインの大陸となっていくのだと思います。とてもわくわくします。

私は私の救世主になる

さらにルンルンする話を続けましょう！

ある夜に、ふと素晴らしいフレーズ「私は私の救世主〜」が浮かんできました。

今まで、どこからも聞いたり読んだりしてこなかった新しい言霊です。

私は私の救世主なのだと、ふと嬉しくなりました。

さっそく翌日の診療のときに、患者さんに口ずさんでもらったら、大好評でした。

大丈夫だと確信を持って、この本にも紹介したくなりました。

私たちには、それぞれに自分の思いで作った世界があります。それぞれの宇宙が広がっています。その宇宙の中で自分が救世主なのです。だから自分の世界を変えるのは、自分です。人生を変えるのも自分なのです。

自分の中にそのような力があふれています。それに気づくだけで、パワーがあふれ出てくるようになります。インスピレーションも湧いてくるようになります。
私たちが一人ずつ目を覚まして日本も地球も輝くようにパワフルな言霊フレーズを世に出します。

ワーク⑭ 自分も日本も、そして地球も元気にしよう

最強の言霊「私は私の救世主」と3回唱えてみましょう！
両手を胸に当てて、心を込めて自分に言い聞かせるように唱えます。

「私は私の救世主」
「私は私の救世主」
「私は私の救世主」

いかがでしょうか？　不思議な安心感と不動心があふれてきます。

意識するだけで、世界が大きく変わります。志を持っている政治家が目覚めて動き出します。言いなりになっていた人々の洗脳が解けて、自主的に判断できるようになります。

言われるままに従ってきた人々が、「それは違うでしょう？」と言えるようになります。

素敵などんでん返しがはじまるのです。わくわくドキドキ楽しみです。

少しずつ動き出した波が大きな波になって、素敵な振動を起こします。

最近、患者さんにも紹介している素晴らしい本があります。それは梯谷《はしがい》幸司さんの『本当の自分に出会えば、病気は消えていく』（三笠書房）です。この本は「**病気をやめましょう**」と促しています。とても斬新な発想です。

私たちは、どうしても病気になることを事故に合ったかのように、被害者意識で受け止めてしまいます。**ところが、病気も自分で引き寄せているのです。**体験したくて自分の意思でそうしているのです。ですから、病気をやめようと思えばやめられます。そんな馬鹿なと思うかもしれませんが、実は意識でやめようと思えばやめられるのです。

身体のいろんな臓器の細胞は新陳代謝によって、どんどん入れ替わっているからできるのです。

なんと私たちの身体の細胞たちにも部位によって、寿命が違います。

いちばん短い寿命は、どこの細胞だと思いますか？

胃腸の壁の細胞で数日で入れ替わります。皮膚の細胞は約1か月です。筋肉細胞は2か月、血液では赤血球が約4か月、骨は約5か月、そしていちばん時間がかかるのは脳の細胞で、約1年もかかります。

私が医学生のときには、脳細胞は再生しないと習いました。こんなに素晴らしい人間の身体なのに、大切な脳細胞が再生しないのはおかしいと教授と問答したことがありました。それから30年たって、やっと脳細胞も再生することがわかりました。医学が遅れていたのです。

でもこれもあくまでも平均値です。細胞との話し合いで早めることはいくらでもできます。本当に私たちの思いのままなのです。

この本に紹介されているケースでは、末期ガンの患者さんが4か月でガンをやめたそうです。ガン細胞が新しい正常細胞に入れ替わったからです。

そして、病気をやめられるかどうかの鍵は、脳が握っているのです。

脳が全身にどんな指令を出していくか、新しい細胞がどんな細胞を再生するかにかかっています。

せっかく新しい細胞になるチャンスなのに、「私は末期ガンなの」と思い込んだままでは、せっかくの新しい細胞にもその指令を脳は伝えてしまうので、またガンの状態を続けてしまうわけです。

「私、ガンをやめるわ〜。もう飽きてきたから〜」という感じで、脳に「私はもうガンじゃないの」と思い込ませることができたら、脳から「もうガンじゃないって」という伝令が経絡や神経を介して、全細胞に伝えられます。

伝令を受け取った新しい細胞はびっくりして「えっ、この間までガンガン言っていたのに、変えたの？　あらっ、なんだかゆるんできてストレスなくなってきたじゃない〜これじゃ酸素がたっぷり入ってきて、どんどん正常細胞に変わってしまうわね」という感じでぼやきながら、ゆったりと正常細胞に変わっていきます。まるでドミノ倒しです。

この本はスピリチュアルな本ではありませんが、淡々と書かれていてわかりやすいです。

私も副腎の難病がありましたが、アロママッサージに通ってやめることができました。1年3か月、毎週通っていました。ゼラニウムというアロマ、つまりゼラニウムの妖精さんが副腎皮質ホルモンの代用になって、「大丈夫よ〜あなたも副腎皮質ホルモンを分泌できるわ〜ほら〜ブチっと出してみて〜あらできるじゃないの〜その調子よ〜」と色っぽい声で言って（たぶんそうだと思いますが）、とうとう難病が治ってしまったのです。

これには、私もかなりびっくりでした。主治医が「ステロイドホルモンを一生飲まないと死ぬよ」と脅してきたので、私はカチンときて、絶対自分で治してみせる、と まさに「私は私の救世主」となって自分を奮い起こすスイッチが入ったのです。

私の場合は、アロマセラピーであるアロママッサージで、副腎皮質ホルモンの酵素欠損だったのが、本当に分泌する気になってしまいました。色っぽいゼラニウムの妖精のお姉さまのおかげです。

そして、この本を書いているときにも、びっくりな体験がありました。

立派な柿をいただいて、熟すのを待たずに固いまま食べようとしたら、上の前歯が5本まとめてポロリと取れてしまいました。あの手この手で家中のボンドを使っても落ちてきます。

しかもその日は診療日！　あきさみよ〜。仕方なく患者さんに事情を話して、マスクをして診療しました。

そこで、秋の俳句が一句生まれました。

柿食えば　前歯が5本　ポロリかな

名句？　迷句？　芭蕉もびっくり大爆笑です。前歯が一気に5本とは、なかなかの衝撃的な体験です。

それでもすべてはうまくいっている〜、といつもの龍顔の歯医者さんに翌朝駆け込んで、診てもらいました。「前歯が5本も落ちるとは、ひさしぶりに笑ったよ。すぐにインプラント治療だね、なるべく早くできるように手配するよ」

と言って、2日目にはインプラント手術ができました。まさに〝龍速〟でした。

そして、前歯に意識がずっと向いていたのですが、それまで右股関節が痛くて歩きにくかったのが、前歯が折れて4日目にはすたすたと歩けるようになりました。

意識が向くところにエネルギーが注がれて、意識がはずれると痛かったところも痛みが消えてしまうのだと体感しました。これもびっくり体験です。

歩けるようになったのは本当に嬉しくて、それまでできなかった掃除や片づけをやりまくりました。残念ながら1日しか持ちませんでしたが、とにかく久しぶりにまったく痛みがない状態だったので、その記憶は不動のものとなっています。絶対的な安心感となって自分の人生の基盤（マトリックス）が形成されました。

すべては、どう思うかです。

歩くことを超えて、走ることに意識を向けると、歩くのが軽くなりました。大好きな映画『キングダム』にはまって、主人公の信とともに走りたくなりました。必ずいつかは、また自由に走れるようになります～ビューン！

沖縄の小さなクリニックでいろんな過去生の解放を地道にしているだけですが、ユートピア流れの一筋を担当させていただいていると思うと生き甲斐を感じます。

誰でもできる最強の活動は、やはり祈りだと思います。

ユートピアになること、平和の祈りをすることが最強の活動になります。

その祈りを最強に維持するのが、今の自分の気持ちをごきげんにしておくことです。

とてもハッピーな気持ちに維持しておくことが、いつでも祈る力をパワフルにできます。

自分のハートに両手を置いて、「中今ごきげん～」と声に出して唱えてください。

このシンプルな言霊ワークは、簡単に最高の気持ちを自動的に引き出してくれます。

言霊は、素晴らしいエネルギーを持っています。

カニ踊りで全国に広めている**「すべてはうまくいっている〜」**の言霊も最強です。宇宙の真理のエッセンスなので、この言霊を唱えると本当にすべてうまくいく世界をどんどん引き寄せます。

この世は、いろんな思いの世界がパラレルに存在します。

みんなで祈っているうちにポコポコと新しい島が浮上してきて、そのうちムー大陸のような大きな島が浮上し、「沈むのではなく浮上だったわね」と笑顔になると思います。とことんめでたく思いましょう！　めでたい新地球を作りましょう。「すべてはめでたくいっている」です。

太陽フレアの問題は、太陽ワークによって太陽のエネルギーを積極的に取り入れる方向になり、太陽人とも楽しい交流ができて、これも日々いい感じの手ごたえを体験していますから大丈夫です。

私たちは、太陽エネルギーでパワーアップして新しい地球にふさわしい、太陽人に限りなく近い新地球人になってきています。

つまり、太陽を意識することで、もっと私たちは進化・成長して、より太陽人になっていくのです〜ルンルン！

愛と笑いの新地球人に！

いよいよ最終章の最終段階に入ってきましたが、私はこの本で何を伝えたかったのか、それを最後に明確にまとめてみたいと思います。

まず、私たちはちゃんと新しい地球に移行できます。つまり、5次元の光の世界にアセンションできます。その前に、2万6000年周期で起きる地軸の変動がありますが、それはすでにゆっくりと進んでいます。

38年前にカナダのトロント郊外の湖畔で、私が1週間の断食リトリートを受けたとき、不思議なセミナーで地球のアセンションと地軸変動のことを聞きました。

地軸変動は、3段階で起きて、新しい北極はグリーンランドのあたりだという地図を見せてもらいました。それはカナダを中心とした解説だったので、その解説から予測すると、日本はちょうどフィリピンのあたりになるようです。

ということは、今後日本の気候は、全体的に亜熱帯になります。平均気温が26度という、太陽の表面温度と同じようになって、太陽から来た元太陽人にとっては、懐かしい過ごしやすい気候になります。わくわくですね。

問題は、地軸変動の3段階、ドンドンド～ンですが、今どのあたりなのかを宇宙図書館館長のミコスさんに聞いてみました。

「地球の地軸の変動は、もうはじまっていますよ～。今年と来年で最後のド～ンがきます。それも一律ではなく、みんなそれぞれのお試しがあります。それが終わったら、見違えるように穏やかにユートピアに向かいます」

と嬉しい返事をもらいました。

みんな一律ではないところがみそです。それぞれに違うのです。その人にとって、本当の自分に目覚めるためのドーンが起きるのです。それこそパラレルに起きます。

常に「中今ごきげん～」にしておきましょう！「すべてはうまくいっている」という意識でいましょう！今できる愛と笑いの言動をしましょう！今できる祈りをしましょう！本当の自分に目覚めて、自分の気持ちに正直に、本音で行動できる自分になりましょう。

すると、自分の中に光があり、宇宙があることに気づいて、その力を魔法のように使えるようになります。

日本がかつて、1万4000年間も平和だった縄文時代の縄文人だったことを思い出して、そのときの自由で豊かな時代の引き出しをもう一度開けましょう。

ひすいさんとショーゲンさんの本『今日、誰のために生きる?』を読んで、できることから日々実行していきましょう!

1日1回は、空をゆったりと眺める余裕を持ちましょう! 朝日を見ましょう!

そうすると、あなたのおかげで私はこんなにハッピーになりました。ありがとうございますと、今気づいた感謝の気持ちを、伝えたい人に会いに行って伝えることができます。

今日もクリニックで患者さんから、「心がすごく楽になる本を書いてくださってありがとうございます。思わず何度も笑いました」と言ってもらえて、頑張って書いてきてよかったと報われる思いです。

イギリス時代に魔法学校をやっていたときの生徒さんが続々とクリニックに来てくれます。とうとうまた魔法学校を作ってくださいとお願いされて、やはりタイミングは今なのかもしれないとしみじみ思いました。

もうすでにイギリス時代の魔法学校の生徒たちが、いろんな形で活躍しています。

もしこの本を読んでピンと来たら、魔法を意識するだけでもっときっちりと魔法を活用できるようになります。

今から意識して魔法を使いましょう。意識を向けるだけで、これも魔法かもと気づけるようになります。

最近クリニックに面白い魔女が来てくれました。魔法を使いすぎたので解放したいという魂さんからのメッセージでした。人を動物に変えるという魔法にはまって、たくさんの人々をいろんな動物にしてしまったのです。

代表選手が彼女のお兄さんでした。生まれたときからお兄さんになぜか嫌われていて、いまだに怒っていて会ってくれません。

ヒーリングしてみたら、イギリス時代に彼が15歳のとき、かわいい熊の子供に変えてしまいました。それをお兄さんは生まれ変わっても根に持っているのです。

そこでたくさんの動物たちを人間に戻したら、すっきりしました。ついでに彼女のハートを覆っていた不必要な罪悪感も解放して、視界がとっても明るくなりました。

これは「やりすぎ魔法伝説」です。

私たちの意識の歴史には、動物を体験したことがあります。そこを読み取ってイメージして念じたら、かつての動物の姿にすることは可能なのです。

実は今でもその動物の特徴が残っているので、想像すると直感でわかります。私は小動物系が多く、思い出せたのはリス、ウサギ、ビーバー、ラッコ、サル、オラウータン、などです。私がいまだにかわいいと言われるのは、その特徴が波動や仕草で残っているからなのでしょう。意識の歴史を捉えることは、人生のしくみの探究という観点からもなかなか面白いです。

龍はこの世では見えませんが、見えない世界には必ず存在していて、2024年は辰年なので大活躍をしています。

この本の出版が遅れたおかげで名古屋と東京のワークが龍のワークになって、龍たちが大喜びです。すべてはうまくいっています。

これからあなたも龍とともに楽しくダイナミックに生きていけます。「ヒュー龍〜」と声に出して、龍を呼んでみてください。必ず、「お呼びですか?」と飛んできてくれます。自由自在です。背中に乗って、飛ぶイメージをしてください。どこへでも連れて行ってくれます。これ自体がもう魔法です。龍使いの魔法です。

あなたが思った通りに、言った通りに人生が動き出します。

だから、楽しくて嬉しいワクワクすることを思ったり、言ったりすることをお勧めします。本当にその通りになってしまうからです。


さぁ、ユートピアはすぐそこです。もうすでにユートピアが広がっています。

あなたの思う力が、そのまま祈りになります。あなたがイメージすると、ベストタイミングにそうなります。

私たちは、みんな創造主だからです。

これは、大切な宇宙の真理です。

内なる宇宙は、光があふれています。愛があふれています。光や愛をピカーと振りまいています。

すべては本当にうまくいっているのです。

祈りの力と魔法の力で、トントン拍子に地球をユートピアにします。私たちがそれぞれのユートピア担当地区で、ユートピア活動を続けていきます。

愛と笑いのユートピア活動を日々楽しみましょう! 笑顔を振りまきましょう〜。

ギャグ一発で大爆笑です！

2024年の1月末に大爆笑続きのセミナーツアーがありました。「天の舞」と「海の舞」、そして最後は私が大好きな大石林山に行きました。

自然に集まってきた宇宙人のような個性の強い20人の素晴らしいチームと愛と笑いの過去生療法セミナーをしたとき、差し込んできた太陽がマゼンタピンク色からオレンジ色に変わり、最後はブルーの光まで混じった天体ショーになりました。嬉しいびっくりでした。まさかの太陽の光までセミナーに参加してくれるとは感無量です。

さらに私のヴォイスヒーリングもパワーアップして、感動的な流れになりました。はじめて会う魂でもユートピアの場所で集うと、自然に本来の魂の在り方に目覚め、和気あいあいと仲良しになります。素敵な仲間、コミュニティになることがこれらの体験からわかりました。

これからの時代は、ファミリーではなくても、それ以上の繋がりで絆が深くなり一緒に活動していけるのだと実感したのです。

毎朝、朝日に手を振って挨拶をしていると、太陽とも天波と念波で繋がってきます。

ミクロもマクロもすべてのものと意識が繋がって、愛の循環がはじまるのです。


あなたがいる場所が、あなたにとってのユートピア担当地区です。

あなたがいる職場が、あなたにとって、自分を磨く素晴らしい場所です。

あなたの家族が、あなたにとって自分を見つめて癒やされる場所です。


大東亜戦争はアジアを300年間の植民地から救った聖なる戦いでした。真逆の歴史観で洗脳されてきた日本人が、70年たって本当の歴史を知るときが来たのです。

日本人であることを誇りに思い、これからのユートピア活動を楽しみましょう！

せっかく日本に生まれてきたのですから、これからはじまる日本のユートピアへのリーダーシップの働きをそれぞれの場で応援していきましょう！

私たち一人ひとりが目覚めることで、日本の目覚めとなり、日本がリーダーシップを取って、地球を光の次元、五次元まで波動アップしていきます。いよいよアセンションできるようになります。

目覚めよ日本、ニッポン！　地球がいよいよ優良星になって宇宙時代を迎えます。

にこやかに、他の宇宙人と交流しましょう！　守護天使に挨拶をしましょう。いつもあなたの右側の少し上にいて応援してくれています。ユートピア活動の段取りをバッチリ整えてくれています。

大きなチャレンジをしたいときには、好きな大天使を呼びましょう！　気持ちが大きくなり、勇気満々になります。

龍が大好きな人は、大好きな色の龍を呼びましょう！「ヒュー龍〜」と呼びかけて、そのときに必要な龍の応援をもらいましょう！

こうして見えない世界の助っ人を味方につけると、流れがダイナミックに進みます。

応援をもらったほうが、絶対にお得です。

これから必ず、日本はどん底から飛び上がって、鳳凰のように虹色に輝きながら、飛翔します。

まさに火の鳥の復活劇です。

私たちは、鳳凰であり、火の鳥でもあります。ここぞというときに、しっかりと目覚めて、飛び立ちます。

地球は愛と笑いがあふれる地球になります。宇宙交響曲の美しい響きに包まれて、光の世界になります。

それは、私たちが待ちに待った、素晴らしいユートピアの世界です。

地球上の誰もが笑顔で、やりたいことができて、自分らしく輝いて、愛にあふれていきます。いろんな個性的なコミュニティができて、そこを見学しながら、好きなところを選べます。

これまで私たちは、この地球大劇場で、自分が主人公の舞台を参加型で楽しんできました。

これからの大変革の世界は、私たち集合意識が選んできたので、思った通りの体験をします。

ただどの程度の大変革かは、いくつかの世界線に分かれると思います。私はムー大陸が浮上して、ヤマト大陸ができるのを楽しみにしています。

この大変革で、光の世界に帰る予定の人、来年が寿命の人々がいますが、各自の自由意志なので、自由選択なのです。

もう少し、ユートピアになった新地球を味わいたい人は、大変革を大いに乗り越えて、びっくりの展開を楽しみます。

本当に新しい地球になったと大感動のプロセスを味わいましょう！
このままの流れに乗って、直感に従って、選択を楽しみましょう！
それぞれの人生のしくみを楽しみましょう！
それでは、新地球でお会いしましょう〜。
目覚めよ、ニッポン!!

あとがき

この本を読んでくださって、本当にありがとうございます。日本人としての目覚めについて、ヒントになったでしょうか？

今までの洗脳がほどけて、日本人の誇りを取り戻せたでしょうか？

これからの日本は、自信を取り戻して、本来の平和のリーダーとしての役割をそれぞれの場で果たしていく流れに来ています。

この本はテーマが大きいので、これまでの本と違ってとてもパワーを必要としました。大げさではなく、本当に全身全霊で書いた本です。その熱い思いを受け取ってもらえたら、本望です。

目覚めのためのワークは、前半の第1章と第2章に集中しています。後半は、より魂の奥深くに訴えかけられるように構成しています。

私たちがそれぞれの内なる宇宙に隠し持っていたスサノヲの剣を意識して手に持っ

て、行動を起こす道しるべにしましょう！

スピリチュアルな童謡『かごめかごめ』を歌って、最後に「後ろの正面だ～れ、スサノヲ！」と叫んでください。自分の内なる宇宙の奥に秘められていたスサノヲパワーがドドーンと表に出てきて、びっくりするほどのパワーがみなぎります。自分でも思いがけない行動が起こせると思います。

原稿が完成するまでに、何度も原稿を削ったり書き直しをしたりして、どんどん原稿がブラッシュアップされていきました。今回は、第4章をまるまる書き直しました。それほどまでに心血を注いだのは、この本が、ぜひたくさんの方々の目覚めの起爆剤になってほしいからです。

たとえば、大東亜戦争がアジアを植民地から解放した聖戦だったことを新しい思い込みにしていただけたら、それだけでも日本人としての誇りを取り戻して、力強くそれぞれのユートピア活動ができると思います。

東京裁判に出たインドのパール判事が「日本人は全員無罪です」と言ってくれた言葉に救われます。

ここまで書いていたら、なんと、原稿にも登場した終戦記念日に初診に来てくれた東條英機さんの生まれ変わりの女性が、約1年ぶりに「天の舞」のカフェに来てくれました。

ランチを一緒にいただきながら、彼女のことを書いた原稿を読み聞かせしていると、2人で感極まって泣いてしまいました。おいしいランチを泣きながら食べたのははじめてです。

ちょうど、彼女は沖縄に来る飛行機の中で、東條英機さんの最愛なる妻・勝子さんについての文庫本、佐藤早苗著『東條英機の妻～勝子の生涯』(河出書房新社)を読んで来たそうです。

まだ結婚相手には会えてないけれど、ぜひ勝子さんの生まれ変わりの男性・勝男さん(仮)に会えたら、最高だと盛り上がりました。

英機さんと勝子さんは、たくさん手紙を書き合う素敵なご夫婦で、子どもが7人いました。きっと、今生も再会して結婚の続きをしてみたいはずです。我こそはと思われる方はご一報ください(笑)。

人生のしくみがだんだんわかってくると、これからの流れが想像できます。

ぜひとも、このベストタイミングに、日本人としての使命を思い出して、瞑想と祈り、そして楽しい仲間とのコミュニティ作りを意識して、お互いに励んでいただけたらと思います。

マイナスに見えることも、見方を変えることでウルトラプラスになります。

ジャポニズムが地球を包もうとしています。「ガイヤの法則」によると、これから3000年間、日本の文明が栄えるそうです。

地球を丸ごとユートピアにしましょう！　そして人種差別や国境をなくしていきましょう！　地球を素敵な星として、新地球として、新しい宇宙の仲間にしていきましょう！

さぁ、これから新地球になるために、日本人が目覚めます。

目覚めよ、日本！　ユートピアは、もうすぐです。

今回の素敵なタイトルを思いついてくださった編集者の真野はるみさん、心からありがとうございます。編集長の伊藤岳人さん、ありがとうございます。素敵なイラストを描いたくれた押金美和さん、素敵にデザインしてくれたツカダデザインさん、ありがとうございます。

そして、ずっと励ましてくれた家族、スタッフ、友人、ファンのみなさまに心から感謝しています。

それでは、みなさま、ユートピアになった新地球で、またお会いしましょう！

2024年8月吉日

魂科医・笑いの天使・楽々人生のインスト楽多～　越智　啓子

越智 啓子 おち けいこ

精神科医。東京女子医大卒業。東京大学付属病院精神科で研修後、ロンドン大学付属モズレー病院に留学。帰国後、国立精神神経センター武蔵病院に勤務、1995年、東京で「啓子メンタルクリニック」を開設。1999年沖縄へ移住。アロマ、クリスタル、ハンド、ヴォイスヒーリングを取り入れた、愛と笑いの過去生療法を続けている。沖縄の恩納村でクリニックや海が見えるカフェ「天の舞」と、研修施設「海の舞」を拠点に、講演会、ワーク、セミナーなどを東京、名古屋などで行っている。おもな著書に『人生のしくみ』『目覚めのヒント』(徳間書店)、『魂の洗い方』(青春出版社)、『目覚めよ、松果体』『龍を味方にして生きる』(廣済堂出版) など多数ある。

啓子メンタルクリニック
https://keiko-mental-clinic.jp/
天の舞(店頭販売)
http://www.tennomai.jp/
琉球の舞(通信販売)
https://ryukyunomai.jp/

装丁：ツカダデザイン
カバー絵：押金美和
編集担当：真野はるみ（廣済堂出版）

目覚めよ日本！

新しい地球を創造するために

2024年9月13日　第1版第1刷

著　者　越智啓子
発行者　伊藤岳人
発行所　株式会社 廣済堂出版
〒101-0052 東京都千代田区神田小川町 2-3-13 M&Cビル 7F
電話　03-6703-0964（編集）
　　　03-6703-0962（販売）
Fax　03-6703-0963（販売）
振替　00180-0-164137
URL　https://www.kosaido-pub.co.jp/
印　刷
製　本　株式会社 暁印刷

ISBN 978-4-331-52418-3 C0095